丛书主编——江伟英

华南师范大学附属小学
双动 课堂系列丛书

智能跳绳指南

张泽林 著

提升学业表现
与改善感觉统合能力

北京时代华文书局

图书在版编目（CIP）数据

智能跳绳指南：提升学业表现与改善感觉统合能力 / 张泽林著. -- 北京：北京时代华文书局, 2024.10.

ISBN 978-7-5699-5653-5

Ⅰ. G623.82

中国国家版本馆 CIP 数据核字第 2024TG4304 号

ZHINENG TIAOSHENG ZHINAN: TISHENG XUEYE BIAOXIAN YU GAISHAN GANJUE TONGHE NENGLI

出 版 人：陈　涛
策划编辑：周　磊
责任编辑：张正萌
责任校对：薛　治
装帧设计：孙丽莉
责任印制：刘　银

出版发行：北京时代华文书局 http://www.bjsdsj.com.cn
　　　　　北京市东城区安定门外大街 138 号皇城国际大厦 A 座 8 层
　　　　　邮编：100011　电话：010-64263661　64261528

印　　刷：天津丰富彩艺印刷有限公司
开　　本：710 mm×1000 mm　1/16　　成品尺寸：170 mm×240 mm
印　　张：15.5　　　　　　　　　　　字　　数：210 千字
版　　次：2024 年 10 月第 1 版　　　　印　　次：2024 年 10 月第 1 次印刷
定　　价：58.00 元

版权所有，侵权必究
本书如有印刷、装订等质量问题，本社负责调换，电话：010-64267955。

序

"赢在起跑线"是很多家长的愿望,为此,很多家长早早为孩子安排了语文、数学、英语等学科的课程,忽略了孩子的感觉统合能力的发展。感觉统合(简称"感统")失调并不是个别孩子才有的小毛病,许多孩子都在不同程度上表现出感统失调的症状。

你正在为孩子上课走神、不爱动脑、冲动急躁、粗心马虎、做作业拖拉、好动多动的行为发愁吗?本书对上述问题做出了回答。

感觉统合失调不是智力问题,而是大脑功能发育不协调造成的,需要尽早发现并及时进行心理矫正训练。一般经过1至3个月的专业感觉统合训练,就可以取得明显的效果。

感觉统合能力是学习能力发展的前提,学生需要大脑来整合学习过程中所学到的东西,从而更好地理解和运用所学知识。感觉统合能力直接影响学生的学习成绩,良好的感觉统合能力不仅能够促进学生思维水平发展,而且可以帮助学生适应不断变化的学习环境。运动对小学生学习适应性的积极影响主要包括认知能力、学习状态、心理健康、身体健康、人际关系和学习动力等多个方面。这些方面的积极影响可以使小学生更好地适应学习环境,提高学习成绩和学习兴趣。

我们一直在寻找一种健身价值高、普及率高、趣味性强且不受场地和人数限制的体育运动,能同时比拼速度和技巧。经研究发现,跳绳是为数不多的能达到上述要求的运动项目。跳绳项目不但是国家学生体质健康测试的项目,更是大多数学生选择的体育中考项目。在这样的背景下,学校实现跳绳运动校内外一体化教学更为迫切。跳绳运动计数方式简单,实现智能化的技术难度比其他体育项目低很多，是目前在小学体育课堂中实现智能化教学的优选项目。智能跳绳教学具有趣味性强、直观、效率高等特点，而且可以打破时空的限制。因此，学校决定大力发展跳绳项目，并创造性地提出使用智能跳绳提高学生感觉统合能力的设想，破解提高感统能力必须去专业机构的困境，为推动学校体育发展贡献一份力量。

本书从学校和家庭的角度出发，深入介绍了感觉统合知识以及家庭必备感觉统合训练方法，着重归纳了可在家进行的、简单易做的感觉统合跳绳练习，既方便教师和家长操作，也便于孩子接受。

本书从关爱和教育的角度出发，将感统训练与孩子的花式跳绳动作紧密结合，教师和家长可将孩子出现的问题与感统训练的类型加以匹配，对孩子进行科学训练。

本书能够让读者掌握跳绳的基本技术，了解跳绳运动的育人价值，了解跳绳运动在体质测试当中的重要作用，同时打破感觉统合训练场地局限于专业机构的局面。智能跳绳提升感统能力的相关训练内容和手段的开发，不仅丰富了小学体育课程内容，还为感统训练提供了更多的途径，实现了校内外一体化的感觉统合训练，增强了感统训练的效果。

本书还详细介绍了学校利用智能跳绳进行教学所取得的一系列教学、教研成果，并提供了智能跳绳课堂教学设计、智能跳绳活动方案、感觉统合能力发展评定量表，为智慧体育赋能学校体育高质量发展提供有益的参考。

目 录

第 1 章
什么运动可以有效达成感统协调的效果

第一节 跳绳运动的特点与育人价值　　002
第二节 跳绳的基本方法与注意事项　　006

第 2 章
如何判断孩子感觉统合失调

第一节 什么是感觉统合失调　　012
第二节 感觉统合失调的行为表现　　014
第三节 如何落实感觉统合训练　　016

第 3 章
如何培养学生的运动兴趣

第一节 智能跳绳介绍　　020
第二节 感统跳绳活动提升小学生运动兴趣　　024

第 4 章
如何纠正感觉统合失调

第一节　智能跳绳提升感统能力课程　　　　　　　　　　**034**

第二节　花式跳绳运动提升感觉统合能力探索　　　　　　**063**

第 5 章
实现学生身体素质可持续发展

第一节　基于智能跳绳设备开展家庭体育作业的应用研究　**080**

第二节　跳绳在国家学生体质健康测试中的重要作用分析　**091**

第 6 章
通过智能跳绳促成五育并举

第一节　智能跳绳赋能小学生德智体协同发展　　　　　　**112**

第二节　以"绳"为纽带实现五育融合　　　　　　　　　**124**

第 7 章
智能跳绳教学

第一节　智能跳绳教学目标　　　　　　　　　　　　　　**132**

第二节　智能跳绳基础学练　　　　　　　　　　　　　　**138**

第三节　智能跳绳技能提升　　　　　　　　　　　150

第四节　智能跳绳亲子跳绳　　　　　　　　　　166

第五节　花样跳绳动作解析与游戏　　　　　　　176

第六节　智能跳绳课堂教学设计　　　　　　　　184

第 8 章
创新应用智能平台进行育人

第一节　应用智能跳绳系统拓展数字教材资源　　198

第二节　智能跳绳教学实施方案　　　　　　　　207

第三节　智能跳绳全员运动会方案　　　　　　　211

第 9 章
以"绳"育人的故事

第一节　我与跳绳的故事　　　　　　　　　　　216

第二节　热爱与坚持　　　　　　　　　　　　　219

第三节　在坚持跳绳中"蜕变"　　　　　　　　222

附录一　《儿童感觉统合能力发展评定量表》　　227

附录二　《感觉统合能力标准分转换表》　　　　230

附录三　《学习适应性测验（AAT）》（小学一、二年级用）　232

第1章

什么运动可以有效达成感统协调的效果

第一节 跳绳运动的特点与育人价值

一、跳绳运动的特点

1. 简便易行,灵活性强

跳绳运动对场地和器材的要求低,仅需一根绳子即可,非常简便。跳绳运动的动作形式多样,可以根据个人的喜好和能力自由组合动作进行练习。同时,它不受人数、年龄、性别、天气、场地等限制,具备灵活性。

2. 安全健康,运动价值高

与身体直接对抗的运动相比,跳绳运动的冲击性较低,因而安全性更高。跳绳运动练习能够提高身体耐力和协调性,还能缓解压力,促进心理健康。同时,练习者可根据自身情况合理安排跳绳运动练习的负荷强度、负荷量、练习时间以及练习时长。

3. 花样繁多,娱乐性强

跳绳运动比赛项目多样,包括速度赛、花样赛、表演赛、规定赛和传统项目。动作技术多样,包括前摇、后摇、前交叉、后交叉、前后交叉、同侧胯下动作、异侧胯下动作等。跳绳运动是一项非常具有表演性的运动,通过创意的动作编排配合有节奏的音乐组成成套花样表演动作,既能体现个人风采又能展现团队默契,极具趣味性和观赏性。

4. 参与人数不设上限

跳绳既可以作为个人的锻炼方式，也适合双人或多人一起参与。与其他运动相比，跳绳在参与人数上具有极大的灵活性，不会因为参与人数限制而影响运动的进行或降低锻炼效果。

5. 跳绳项目高度智能

智能跳绳技术稳定、成熟。跳绳运动已经具有一套非常完善的线上、线下比赛方案，比其他体育项目的智能化做得更深入。智能跳绳系统应用于体育课堂教学已有十多年历史，能实时显示全体学生的跳绳数据，具有多种训练和比赛模式，因此一线体育教师积累了丰富的人机结合实践经验。

二、跳绳运动的育人价值

1. 促进感觉统合能力提升

基于感觉统合理论的跳绳运动练习能够有效地提高 7~9 岁学生的感觉统合能力，同时对于部分学生的感觉统合失调问题有显著的改善作用。通过跳绳可以刺激前庭、本体和触觉感受器从而有效增强人的前庭觉、本体觉、触觉和学习能力。跳绳动作花样繁多，在摇绳方向上有前摇、后摇、平摇和侧摇；按照摇绳次数可分为单摇、双摇、三摇和四摇，此外还可以通过身体不同位置的交叉和多种花样步法设计更多的花式动作。练习跳绳运动重点在于脚部的不断跳跃与手腕摇动绳柄之间配合，通过反复练习各种花样动作，对于身体协调控制能力、关节灵活性、粗大动作和精细动作的发展都有极大帮助，同时提高本体感觉能力。

2. 促进儿童智力增长

跳绳需要上下肢配合、选择时机，是十分细微而复杂的运动。这种手脚并用、要求瞬间配合的动作，在中枢神经系统调配下才能完成，特别在自数自跳的情境下对中枢神经系统的协作能力要求更高，大脑因此得到的锻炼要比进行简单的基本动作有更显著的效果。扬州大学的陈爱国教授从四个方面阐述了运动改造大脑的作用：第一是体育运动提高儿童记忆力和注意力，第二是体育运动发展儿童执行功能，第三是体育运动提升学业表现，第四是体育运动缓解儿童认知障碍症状。

3. 促进儿童身体发育

跳绳是一项垂直方向的运动，对儿童肌肉和骨骼的生长与发育具有特别重要的作用，是促进学生长高的优质体育运动。当儿童跳绳时，他们的脚会不断地跳起和落下，这种重复的动作会使他们自身的体重对下肢骨骼施加一种适当且有益的压力。这种压力对骨骼和关节来说是一种积极的刺激，能够有效地促进儿童骨骼的发育，特别是对于下肢长骨的生长有着显著的正向影响，进而有助于儿童身高增长。

跳绳看似简单，实则属于全身的运动，能够使手臂、腿部、腰部、脚部均受到锻炼，使力量、速度、敏捷、耐力等各种身体素质都得以增强。在跳绳运动中，摇绳练臂力，快摇和快跳练速度，多次连续跳练耐力，可以全面发展学生的协调性、灵敏性。因此，跳绳不但是一项运动，而且也是其他运动项目的辅助训练方法。学生从小练习跳绳不但可以练就敏捷的身手，而且可以发展速度、耐力、平衡等综合能力，是一项令人终身受益的锻炼项目。

4. 培养儿童德育品质

跳绳运动不仅可以是个人的，也可以是团队的。在集体跳绳中，孩子们需要相互配合和协调，这有助于培养团队精神和集体荣誉感。比赛则能激发竞争意识，让他们学会面对挑战、努力拼搏，培养积极精神。比赛中的速度、技巧和配合都是竞争性的体现，使孩子们能提高跳绳水平，适应对手节奏，发挥优势。这些素质对未来发展很重要，将助力他们取得好成绩。

在训练和比赛中，他们可以充分发挥自己的潜能，赢得他人的认可和尊重。这种成就感会使他们更加自信，也更愿意与他人分享喜悦，从而形成良好的人际关系。跳绳运动有助于孩子们养成健康的生活习惯。当他们积极参与体育锻炼时，他们会更加关注自己的身体健康，也会更加珍惜与同学一起度过的时光。这种健康的生活方式会使他们更加充满活力，也有利于他们在人际交往中展现出积极向上的态度。

5. 传承民族文化

跳绳运动在我国历史悠久，是传统文化的重要组成部分。它不仅承载历史文化，也是孩子们了解和传承民族文化的途径。跳绳运动在我国历代有不同的称呼：唐朝称"透索"，宋朝称"跳索"，明朝称"跳白索"，清朝称"绳飞"，民国后统称为"跳绳"。练习跳绳有助于孩子身心发展，培养民族文化素养和自信心。

第二节 跳绳的基本方法与注意事项

一、跳绳的基本方法

1. 握绳与摇绳方法

握绳技巧：拇指与四指分开，轻轻握住绳把，力度适中，手腕保持轻松，以确保摇绳的灵活性。摇绳方法：两手握绳，双臂自然弯曲，绳子置于身后，双手腕与手臂协同施力，将绳向上、向前摇动。当绳子摇至头顶以上位置时，双臂持续向下、向后摇动，使绳子不断环绕身体。练习初始阶段，以双肩为轴，双臂与双手腕同时施力，手臂摇绳动作较大；技艺熟练后，手臂摇绳动作幅度可逐渐减小，以两肘为轴，运用两前臂与手腕协同摇绳；非常熟练后，仅需运用手腕动作即可摇动绳子。

2. 跳跃方法与姿势

跳绳触及双脚前的瞬间，脚部迅速抬起，待绳子顺利穿过脚下，双脚随即平稳着地。着地时，以前脚掌为先导，避免全脚掌猛然接触地面产生冲击。这种方式能有效缓解冲击力，降低膝关节、踝关节受伤的风险，同时保护大脑免受震动。双脚跳跃之后，身体保持自然松弛，双腿微弯为正确姿势。

3. 呼吸配合的技巧

在进行跳绳运动时，呼吸要保持自然。当熟练掌握相关技巧后，要有意识地将呼吸与跳绳节奏相结合，有节奏地呼吸。练习时可采用吸一次气跳绳两次、呼一次气跳绳两次的呼吸节奏，避免憋气跳跃。

4. 练习时长与场地要求

为确保练习过程中不出现身体不适感，建议根据学生个体差异来调整练习时长，遵循循序渐进的原则，逐步增加跳绳时长。在选择练习场地时，应选取软硬适中的场地，如泥土地、地板或草坪等。避免在高低不平、斜坡等易导致摔倒的场地进行跳绳练习，以防发生意外损伤。同时，注意避免在硬性混凝土地面上跳绳，以防摔倒后引发关节受伤。当场地空间有限且人数较多时，应确保摇绳不会击中周围人员。

5. 运动量的掌握技巧

在儿童跳绳锻炼中，应遵循循序渐进的原则，由易至难，确保每日练习时间适度分布。对于小学一、二年级的学生，每日练习时长不宜超过30分钟或1000次；对于三、四年级的学生，每日练习时长不宜超过40分钟或1500次；而对于五、六年级的学生，每日练习时长不宜超过50分钟或2000次。

6. 跳绳的进阶技巧与花样

跳绳作为一种运动方式，其形式并不仅限于简单的跳跃，它还可以衍生出诸多富有乐趣的进阶技巧与花样，例如双脚交替跳、双人跳、交叉跳、双摇等。这些进阶技巧不仅为跳绳赋予了更高的趣味性，同时也能进一步锻炼跳绳者的协调性、灵活性和耐力。

在熟练掌握基本跳绳方法的基础上，学生可以逐步尝试和学习这些进阶技巧。在此过程中，要保持耐心和毅力，切忌急功近利，以免因动作不熟练而导致受伤。总之，跳绳运动的进阶技巧与花样既丰富了运动形式，又提升了锻炼效果，为参与者带来了更多乐趣。但在学习过程中，务必注重安全，稳步提升技能。

7. 跳绳的竞技与比赛

跳绳不仅是一项娱乐活动，更是一项具有竞技性的体育运动。各类跳绳比赛，如世界杯跳绳比赛、全国跳绳锦标赛等，吸引了大量跳绳爱好者积极参与。若想在跳绳比赛中脱颖而出，日常训练至关重要，需注重提升速度、耐力、协调性和灵活性等方面的能力。同时，还需在比赛中有稳定的心理状态和强大的抗压能力。

二、跳绳的注意事项

1. 跳绳的热身运动

在进行跳绳运动之前，认真做好准备工作至关重要。准备工作主要包括徒手操、轻松的跳跃或缓慢跑步等，特别要注重充分活动膝关节和踝关节。如果准备活动不充分，全身肌肉和关节未能充分活动，在肌肉和关节僵硬的状态下进行跳绳运动，很容易导致拉伤和扭伤等损伤。因此，务必重视跳绳前的准备活动，以确保运动过程中的安全。

除了准备活动外，整理活动同样重要。跳绳运动结束后，及时进行拉伸和放松小腿肌肉非常必要。这可以缓解肌肉紧张，减少运动带来的疲劳，预防肌肉拉伤和疼痛。拉伸和放松肌肉的方法有很多，如轻轻按摩、静态拉伸等，时间约为3分钟。此外，还可以进行一些呼吸练习，帮助身体恢复。

总之，跳绳前的准备活动和结束后的整理活动对于提高运动效果和预防运动损伤具有重要意义。在享受跳绳带来的乐趣的同时，也要注重运动过程中的安全与健康。只有这样，才能让跳绳运动真正成为我们生活中不可或缺的一部分。

2. 跳绳的安全与应急措施

尽管跳绳被认为是一项相对安全的运动，但在进行过程中，参与者仍需保持警惕并关注自身身体状况。一旦发现出现不适感，应果断停止跳绳，并寻求专业医生的指导意见。在跳绳活动中，若发生意外伤害，掌握基本急救知识至关重要，如心肺复苏、止血和包扎等。此外，跳绳者还需注意避免在饭后立即进行跳绳运动，以防引发消化不适。

第 2 章

如何判断孩子感觉统合失调

第一节 什么是感觉统合失调

随着科技不断进步和经济飞速发展，人们的生活环境、生活方式发生了显著变化，少年儿童与外界的信息交流方式也发生了变化。许多儿童由于缺乏足够的刺激和锻炼，导致感统失调类疾病的发生率不断上升。2020年，中央广播电视总台报道：在我国，普通孩子中感统失调发生率为30%，行为问题群体中发生率为60%，多动症群体中发生率为80%，孤独症群体中感统失调发生率更是高达90%，且呈逐年上升的态势。

感觉统合失调是大脑功能失调的一种，是指孩子在成长的过程中，皮肤触觉、视听觉、本体觉、前庭觉等传入感觉信息至大脑中，当大脑不能进行有效统合，就会导致身体无法协调运作，从而影响孩子的学习、认知和适应能力，造成诸多学习问题和行为不良的现象。

许多教师和家长将孩子上课注意力不集中、不喜欢学习、爱生气等行为归咎于孩子不听话或者年龄还小，其实这大都是感觉统合失调导致的。孩子的大脑对身体各器官失去了控制及信息统合能力，时间长了就会形成各种障碍，影响学习和生活。感觉统合失调不是一种疾病，也不是智力问题，而是大脑对感觉器官传输的信息统合能力不够，造成了混乱。

众多国内外研究表明，基于脑、神经和肌肉学科的理论基础，运动手段可以有效提升大脑区域间的信息协调整合能力，增加参与信号反馈与表现的神经元数量，提高神经系统的灵敏性。美国曾有研究发现，在儿童3~12岁期间如果能进行有效、科学的感觉统合训练，能解决儿童的感觉统合失调的问题。因此，在小学体育教学中融入感觉统合训练不仅能促进孩子的正常生长发育，还能改善感觉统合失调的孩子在身体协调、平衡、注意力等方面的状况。目前，我国主要通过专业感统训练室进行针对性训练来改善儿童感统能力，尽管这种方法有效，但推广速度较慢，覆盖面有限。

感觉统合训练是一种矫治调节手段，其核心是利用多元化的感官刺激训练，增强大脑对感觉接收、处理、反馈的统合能力。跳绳运动作为全国中小学生的基础运动技能，易于开展和普及。汪娅琴、苏中宣、王鹏磊的研究显示，跳绳运动对促进儿童感统能力发展具有显著效果。因此，本书介绍智能跳绳的优势，旨在改善孩子的感觉统合能力，并希望将智能跳绳提升感统能力的相关内容纳入小学体育课程。这不仅丰富了小学体育课程的内容，还具有针对性，有助于促进儿童感统协调，并为感统训练提供更多方法选择，打破训练场地局限于专业机构和社会训练室的困境。

第二节 感觉统合失调的行为表现

我们可以从以下五个方面判断孩子是否有感统失调的问题。

1. 前庭功能失调

当前庭功能出现障碍时，孩子可能会展现出过度活跃、难以集中精神、易攻击他人、平衡感不佳、方向感知能力弱以及情绪起伏大等行为特征。

2. 听觉功能失调

听觉功能失调会导致孩子在语言表达和理解上遇到难题，他们可能需要多次重复或长时间反应才能理解他人的话语，同时他们在跟读长句时也会遇到困难。

3. 本体觉失调

本体觉失调的孩子可能会在座位上不停地扭动、行动显得笨拙，且独立活动的能力较差。

4. 触觉失调

触觉失调的孩子可能会表现出对触摸的过度敏感或迟钝，他们可能不喜欢被触摸，性格孤僻胆小，社交能力较弱，且容易有咬手指、紧张、易怒以及害怕陌生环境等表现。

5. 视觉失调

视觉失调的孩子在阅读、书写和视觉空间感知方面可能会遇到难题，他们可能会漏读或误读文字，理解力差，写字困难，甚至可能会将数字或题目抄错，同时他们可能不太擅长整理，桌面常常显得杂乱无章。

第三节 如何落实感觉统合训练

为了更好地落实感觉统合训练，我们可以采取以下几个步骤。

第一，学校对体育教师和家长进行感觉统合能力失调相关理论与实践的培训，使他们深入了解感统理论的原理以及感觉统合失调的现象，了解感觉统合训练对于提高孩子的学习能力以及学习适应性的重要作用，以及掌握智能跳绳提高感觉统合能力的训练方法，只有这样，教师和家长才能在课堂以及家里有效地指导孩子进行智能跳绳感觉统合训练，并观察孩子的进步情况。

第二，将智能跳绳运动融入小学体育课程中，制订合理的课程计划和教学大纲。可以从简单的跳绳动作开始，逐步提高难度，让孩子在不断挑战中提升感统能力。

第三，建立长期的跟进机制，对孩子的感觉统合能力进行定期评估。这有助于及时发现孩子的进步和问题，为教学方法提供有力依据。

第四，加强家校合作，鼓励家长参与孩子的跳绳运动。家长可以在家中监督孩子进行跳绳锻炼，并与孩子一起参与活动，增进亲子关系。

第五，举办各类跳绳比赛和活动，激发孩子的兴趣和积极性。通过比赛和活动，让孩子在锻炼中提高感统能力，增强自信心。

第六，不断调整和优化课程内容，结合孩子的实际情况进行有针对性的训练。在教学过程中，关注每个孩子的个体差异，制订个性化的训练方案。

通过以上措施，我们相信智能跳绳运动能够有效改善孩子的感觉统合能力，为孩子的健康成长奠定良好的身体和学习能力发展基础。同时，这也有助于培养孩子的运动兴趣，推动体育教育事业的发展。

在未来，我们还将继续探索更多有利于儿童感统能力发展的运动项目，并将其纳入小学体育课程，为更多的孩子提供全面的、有针对性的锻炼机会。我们携手努力为下一代的健康成长创造更好的条件，为教育事业贡献一份力量。

第3章

如何培养学生的运动兴趣

第一节 智能跳绳介绍

一、智能跳绳设备简介

智能跳绳是一款专门针对跳绳竞速类训练及考核场景所设计的智能化跳绳，也是一款可针对跳绳过程进行分析的设备。

用跳绳硬件连接微信小程序，即可完成对个人跳绳运动的智能化监测，实现对每一次跳绳过程中的细节进行精准监控，能准确测量过程中前、中、后阶段跳绳速度情况以及卡绳次数。

在微信小程序中的智能跳绳端，可以实时查看个人跳绳数据，包括计时、计数、单摇、双摇等多种运动模式切换，全面运动量化和科学运动分析，同时提供音乐节奏训练、在线家庭作业、实时在线PK（玩家对决）、运动竞技排名、勋章印记激励等特色功能，极大地提高了跳绳运动的趣味性，能够满足广大学生以及健身爱好者的跳绳运动需求。

二、智能跳绳中控系统

智能跳绳中控系统是一款多人跳绳运动监测的智能化培训辅助系统，其由中控硬件设备和微信小程序组成。该系统设备体积小巧，便于携带，开机即用，可以实现1对50人跳绳实时同步监测，高效地实现了多人同步性、数据专业化以及AI（人工智能）化的数据监测和分析。

三、智慧体教辅助系统

智慧体教辅助系统是一款面向学校教学的多人跳绳运动监测的智能化体育教学辅助系统，其由中控硬件设备、微信小程序、PAD（平板电脑）端教学系统和校园管理平台组成，对学校跳绳考核与训练任务进行管理。

其中的系统创新式的家庭作业功能可以支持教师远程发布体育跳绳作业、学生线下完成智能跳绳作业训练，使学生告别盲目训练，使家长摆脱教育压力，使教师高效、轻松地进行指导，将课堂和居家、线上和线下有机结合。

该系统实现了跳绳教学信息化、可视化和智能化。通过将智能科技手段融入日常的跳绳运动教学中，形成了一个从课堂训练到居家作业的闭环运动监控管理体系。

四、智能跳绳教学的优势

1. 实时数据反馈

智能跳绳设备可以实时记录学生的跳绳次数、速度、节奏等数据，便于学生和教师了解训练情况。

2. 个性化教学

智能跳绳设备可以根据学生的实际水平制订合适的训练计划，实现个性化教学。

3. 互动性强

智能跳绳设备具备网络功能，学生可以与同伴进行在线竞赛、互动交流，提高学习兴趣。

4. 智能评价

智能跳绳设备可以根据学生的训练数据进行智能评价，为教师提供教学依据。

五、智能跳绳教学的评价方法

1. 数据评价

基于智能跳绳设备收集的学生训练数据，运用数据挖掘、机器学习等技术进行分析，为学生提供个性化评价和建议。

2. 视频评价

通过智能摄像头等设备捕捉学生跳绳的动作，邀请专业教练在线分析学生的技术动作，为学生提供有针对性的改进意见。

3. 同伴评价

鼓励学生之间进行互相评价。通过智能平台分享训练视频，邀请同学发表意见，促进学生之间的交流与合作。

4. 教师评价

教师根据学生的训练数据、视频资料以及同伴评价，综合分析学生的跳绳技能和进步情况，为学生制订合适的训练计划和目标。

5. 家长参与

家长可以通过智能平台了解孩子的跳绳训练情况，参与孩子的学习过程，与教师共同关注孩子的成长。

六、智能跳绳教学的实践建议

（1）建立健全的智能跳绳教学体系，将智能技术与传统教学相结合，提高教学质量。

（2）注重学生个性化发展，根据学生的实际能力制订个性化训练方案。

（3）加强教师培训，提高教师运用智能技术进行教学评价的能力。

（4）鼓励学生参与教学评价过程，培养学生的自主学习意识和能力。

（5）加强家校合作，共同关注学生的健康成长。

总之，智能跳绳教学评价方法应以学生为中心，充分发挥智能技术在教学过程中的优势，为学生的个性化发展提供有力支持。通过数据、视频、同伴、教师和家长的多维度评价，促进学生的技能提升和综合素质培养，为我国培养更多优秀的跳绳人才。

第二节 感统跳绳活动提升小学生运动兴趣

本节探讨感统跳绳对小学生运动兴趣提升的影响,为后续提升小学生运动兴趣提出相应的建议与措施。

首先,通过文献资料法对感觉统合、智能跳绳、感觉统合与智能跳绳的结合以及运动兴趣提升的相关概念进行梳理和阐述。

其次,通过本地街道办组织了 2000 个家庭参加本次实验活动,运用智能跳绳的大数据收集功能进行比赛前后的数据分析,结果表明:在参加跳绳的小学生家庭中,跳绳平均天数从之前的每年 20 天增加到了每年 129 天。对参与的学生、家长以及教师进行调研的资料显示,参与感统跳绳对提升学生的运动兴趣产生了积极的影响。

最后,通过进一步分析社会响应,包括媒体报道和官方发文,验证了感统跳绳在推动儿童运动发展方面的重要性,不仅有助于提高学生的运动兴趣和运动能力,还能帮助他们培养良好的运动习惯,为健康成长奠定基础。

随着我国社会经济的发展,生活环境、方式和条件的改变,少年儿童与外界信息交流方式也发生了变化,感觉统合能力逐渐降低,越来越多的儿童感觉统合系统因得不到充分的刺激与锻炼,从而导致越来越多感统失调类的疾病发生。赵丹丹根据其研究论文搜集的数据得出结论:2001 年至 2017 年期间,对全国五个地区小学生随机抽样,发现 2001 年感统失调率最小，占比为 32.9%，2017 年感统失调率最大，占比为 41.4%，并且感统失调率曲线呈现逐年上升的态势。

跳绳运动作为全国中小学生的一项基本运动技能，易开展、易普及，且有关研究表明跳绳运动对促进儿童感统能力的发展具有显著效果。因此，本节内容旨在深入探讨感统跳绳对小学生运动兴趣提升的影响，并通过事实支持论证其重要性和有效性。同时，通过实证研究论证将智能跳绳提升学生感统能力的内容纳入小学体育课程中，既拓宽了小学体育课程内容，又能有针对性地促进儿童感觉统合协调，丰富感觉统合训练方法，提升小学生对运动的兴趣。

为了贯彻落实《全民健身计划（2021—2025 年）》，倡导科学运动方式，充分发挥社会体育指导员协会推动社区全民健身的作用，广泛开展全民健身赛事活动、促进重点人群健身活动开展、实施青少年体育活动促进计划，在"亲子跳绳户外嘉年华"活动中引入智能跳绳与感觉统合项目，充分挖掘智能跳绳活动提升学生的运动兴趣的价值，通过跳绳项目提升小学生的运动兴趣，并在一定程度上提升小学生的感觉统合能力。

一、感统跳绳活动的重要概念

1. 什么是感觉统合

感觉统合是指人的大脑将从各种感觉器官传来的感觉信息进行多次分析、综合处理，并做出正确的应答，使个体在外界环境的刺激中和谐有效地运作。

2. 智能跳绳的介绍

跳绳是一人或多人在环摆的绳中做跳跃动作的运动，是以上下肢活动为主的全身运动项目，动作可变换花样较多，具有一定的娱乐性。智能跳绳是在传统跳绳的基础上，利用物联网、信息化手段融入声、光元素的跳绳运动。它具有智能装备、大数据系统两大特征和运动过程监控、科学运动引导与运动习惯养成三大功能。

3. 运动兴趣

运动兴趣对于促进学生自主学习和终身坚持锻炼至关重要。它不仅有助于实现学校体育与健康课程的目标和价值，还能推动人们对体育活动的积极认识和参与。因此，培养学生对体育的浓厚兴趣是确保他们自愿参与体育活动并自觉进行体育锻炼的关键。为了达到终身体育的目标，应该运用新兴的教学方式以及跨学科的课程形式编制具有创新性的运动项目，提升学生的运动兴趣，让学生积极主动地参加体育活动，并将体育与工作、学习和未来的人生相结合。

二、感统跳绳活动的组织与实施

1. 活动主题和内容

跨学科感统跳绳比赛项目是华南师范大学附属小学（简称华师附小）的教学科研成果，该项目以跨学科融合的形式，将心理学与体育学有机结合，融入科技手段，把这种教学科研成果进行转化，打造出创新式的社区擂台挑战赛事，此项目在2023年5月在广东省天河区进行了推广。

2023年5月，"2023年天河区社区亲子跳绳户外嘉年华活动"以"一测一赛一街道，健康家庭跳一跳"为主题，赛事分为线上线下同步进行，线下赛每周举行1个街道的专场比赛，直至所有参与街道全部完成。线上赛在比赛周期内每天持续进行，活动的主要项目包括亲子一带一跳绳、一分钟跳绳、集体跳大绳等。参赛人员为天河区内各参赛单位所属居民，以学校为单位，由街道报送（各街道辖内小学生家庭参与），发动组织了2000多个家庭通过线下的方式参与。

2. 比赛规则

该赛事为淘汰挑战赛，现场工作人员会发出开始的指令，指令发出后参赛人员进行一分钟50个单摇跳（一分钟内跳完即可，不要求速度，但不可停止不动），由自己计数，当计数到50后停下，在跳的过程中正对的屏幕上会播放介绍四种植物的图片或视频，参赛者需要在自己计数的情况下记住看到的植物名称及顺序，在结束后将植物名称按顺序复述。赛事结束后将从三方面来判定赛事成绩。首先是50个单摇计数，主办方将从系统的后台查看参赛者单摇跳次数是否为50个，如果不等于50个即无效成绩，如果等于50个，就查看复述的植物名称是否正确、顺序是否正确，名称不正确为不合格，名称正确但顺序不正确为合格，名称与顺序都正确为优秀。优秀参赛者可进入下一轮挑战，挑战方式与初赛相同，但单摇次数与植物的种类会根据情况逐渐增多，以此类推直至达到自己的记忆极限。

3. 比赛实施过程

通过活动报道以及后续采访，对于本次跨学科感统跳绳比赛，媒体、学生、家长和学校相关人士都表达了高度的赞扬，以下为多家媒体报道以及后续采访的归纳总结。

活动当天,家长和孩子们早早来到华南国家植物园正门集合并领取号码布,能够在周末到丰富多彩的植物园来一场亲近大自然的运动之旅,是无比惬意的事情。活动组织方为孩子们准备了多肉植物、手绘T恤等,寓教于乐,让孩子们在运动中放松身心。在体育老师的带领下,大家首先进行比赛前的热身运动,然后借助智能跳绳展开一场无须裁判、自动计数排序的智能大赛。家长和孩子们对这种新的比赛方式惊叹不已,一分钟比赛结束后,马上可以通过大屏幕看到比赛结果,大家兴致满满。

一年级的梁同学和父母一起参加了活动,他的妈妈在读书时代曾是班里的跳绳冠军,孩子从小就接触跳绳,现在每分钟可以跳150多次。他表示,第一次和家人到华南国家植物园参加集体活动,感觉很开心,比赛竞争很激烈,希望继续努力,将来取得更好的成绩。很多家长表示还是第一次见到能够自动计数和排序的智能化跳绳系统,这种无须裁判就能自动生成成绩的高效比赛方式深深地吸引了家长和孩子们,比赛现场热火朝天,平时忙碌工作的家长借此机会能够适当增强体魄,也让孩子们在课余之外的时间放松身心,感受竞技体育的魅力。比较吸引人的是跨学科感统跳绳,让家长认识到了孩子感觉统合能力的问题,并发现通过智能跳绳练习能够让孩子得到感觉统合的训练,孩子们也因为该新颖的运动形式对跨学科感统跳绳比赛产生了极大的兴趣,同时在参加该活动以后纷纷表示以后要增加运动时间,用跨学科感统跳绳的方式锻炼自己的感觉统合能力。

4. 线下活动催化线上智能跳绳比赛

2023年8月,"2023年天河区社区亲子跳绳户外嘉年华活动"进行闭幕式,所有线下活动完满结束,由于线下赛的影响力,学校再次组织了为期120天的线上跳绳比赛项目,用于验证跨学科感统跳绳是否对小学生运动兴趣提升有影响的研究。

线上比赛就是借助智能跳绳线上竞赛系统,学生放学后在家就可以参加线上跳绳比赛,全程线上报名、线上填写资料、在家比赛,通过摄像头对比赛过程全程录像,有效地保证了比赛的公正性。

学校通过举行每日和每周的比赛,并设置如"每日一星"和"每周一星"等多样化奖项,提升学生主动进行锻炼的动力。小学生天性好动,同时又具备较强的竞争意识和追求第一的心态。这种持续进行的竞赛模式简便快捷,完全摒弃了传统比赛中烦琐的信息核对、报名手续、场地布置和人员管理等因素。因此,一经推出就受到学生的喜爱,并得到了教师和家长的高度肯定。此方法不但操作简单,而且提供了具有延续性和连续性的竞赛机会,让学生在锻炼中保持持久的动力,并从中获得愉悦感和成就感。这种奖励机制既能满足学生的竞争欲望,又能激发他们的积极性,提升他们的运动兴趣,使其更加主动地参与体育活动。因此,这种创新的方法对学生的自主学习和终身锻炼都产生了积极的作用。

经过后台数据对比,开展活动前,2000名学生每年参加跳绳的平均天数为20天。比赛后,参加跳绳的平均天数增加到了129天。其中9月、10月、11月这三个月,共有385名学生在一个月里坚持跳绳21天以上,通过21天的训练,养成了运动习惯,同时也提升了他们的运动兴趣,常常主动进行运动锻炼。

5. 活动亮点

（1）社校联动，优势互补。天河区体育组织负责活动的策划、组织和执行，协调社会公共服务资源和整体赛事费用等。学校负责策划、组织和执行赛事环节，赛事活动策划、执行人员由学校领导委派确定。通过社校合作，充分发挥各自的优势，使活动进行得更加顺利。

（2）亲子互动，赛测并举。本次活动将比赛和体质检测两者有机结合，以亲子互动的形式进行。这样既能竞赛，又能全方位了解和评估参与者的身体素质。

（3）以赛延展，共促教研。学生竞赛相关数据将与学校共享，为学校的体育科组教学研究提供帮助。天河区社会体育指导员协会充分发挥其社会体育服务职能，为学校的课题研究提供指导、咨询和支持。

（4）社会效益，显而易见。此次活动持续时间长，参赛家庭数量达2000多个，媒体对此的关注度也非常高，报道次数达到82次。这些数据表明本次活动在社会上产生了广泛的影响和良好的效果。

三、感统跳绳活动的总结与建议

1. 感统跳绳活动的总结

感统跳绳活动将心理学和体育学的交叉融合，通过科技赋能，利用智能跳绳进行。此次活动通过线上和线下的双向方式，成功组织了2000多个家庭参加亲子跳绳活动。通过这种跨学科的跳绳活动，激发了孩子们对运动的兴趣，养成了运动习惯，并提升了他们的自律性。

2. 感统跳绳活动的建议

本次活动利用科学技术来增强感觉统合能力,增加运动趣味性,提升小学生的运动兴趣,从而达到了让小学生主动参与运动的目的。通过活动可以看出,该方式对小学生的运动兴趣提升起到了积极作用,因此,在今后的体育活动设计中,也可以选择利用科学技术的力量,达到多学科融合,提升学生的运动兴趣。

第4章

如何纠正感觉统合失调

第一节 智能跳绳提升感统能力课程

教师或家长通过提供多元化刺激促进学生的感觉统合能力发展。这包括利用多样化的视觉元素、不同节奏的听觉感受、多触点的触觉体验，以及多种前庭和本体感觉的训练。结合学生的年龄特点和运动基础，教师或家长还可以引入多样化的跳绳活动，如双摇、两人一绳、一带一跳、穿梭跳、长绳"8"字跳等。

第一课

学习目标

一级目标：自跳自计短绳 10 次。

二级目标：自跳自计短绳 10 次并通过听觉记 2 个数。

三级目标：自跳自计短绳 10 次并通过听觉记 4 个数。

学习内容

主要内容：自己计跳绳次数并在跳绳过程中通过听觉记住播放的数字。通过智能跳绳平台数据与自计跳绳次数进行对比，最后判断是否听清楚数字和自计跳绳次数是否准确。

学习步骤：学生持短绳等待教师发令，教师发令后学生开始跳绳并自己计数，在跳绳过程中教师通过音箱播放 4 个个位数，学生需要在自计跳绳次数的同时记住音箱播放的 4 个数，当学生自计跳绳次数到 10 次时停下来示意教师完成任务。教师通过智能跳绳平台看学生自己计次数是否准确，并让学生复述听到的 4 个数，看学生在自计跳绳次数时的听觉记忆情况。

游戏内容：分 15 组进行自计短绳团队赛，并利用智能跳绳计数。教师统计学生自计跳绳次数和复述听到的数字的准确率，对参与的 15 组进行排名，并对优胜队伍给予奖励。

学习方法与要求

学习方法：两人一组共同练习，一人自计跳绳次数，一人随机播报数字，从记 1 个数开始练习，一轮结束双方交换练习，熟练后逐渐增加数字直至记 4 个数。

学习要求：记住播报数字的同时自计跳绳次数要具有准确性。

学习的重点：学生跳绳时的听觉记忆。

学习的难点：自己计跳绳次数过程中同时记数。

学习提示

在家里练习时可以由家长发令并参与练习。学生掌握该练习方法后可采用单脚跳和闭眼跳进一步提升平衡能力，发展前庭功能；学生可在不同材质的地面上进行光脚跳绳练习，发展触觉能力；学生不断提升跳绳的难度，让全身的肌肉和关节都动起来，发展本体感觉能力。

自我评价

内容	自计短绳 10 次同时记数				备注
等级	优秀	良好	及格	不及格	利用智能跳绳计数并查看学生自己计次数是否与智能跳绳计数相同，剖析失误原因
标准	4 个数	3 个数	1~2 个数	0	
记录					

课后计划

练习内容		练习时间	年　月　日
练习组数			
持续时间			
使用智能跳绳练习感受			
教师或家长确认			

第二课

学习目标

一级目标：自跳自计短绳 30 次。

二级目标：自跳自计短绳 30 次并通过听觉记 2 个数。

三级目标：自跳自计短绳 30 次并通过听觉记 4 个数。

学习内容

主要内容：自己计跳绳次数并在跳绳过程中通过听觉记住播放的数

字。通过智能跳绳平台数据与自计跳绳次数进行对比，最后判断是否听清楚数字和自计跳绳次数是否准确。

学习步骤：学生持短绳等待教师发令，教师发令后学生开始跳绳并自己计数，在跳绳过程中教师通过音箱播放4个个位数，学生需要在自计跳绳次数的同时记住音箱播放的4个数，当学生自计跳绳次数到30次时停下来示意教师完成任务。教师通过智能跳绳平台看学生自己计次数是否准确，并让学生复述听到的4个数，看学生在自计跳绳次数时的听觉记忆情况。

游戏内容：分15组进行自计短绳团队赛，并利用智能跳绳计数，教师统计学生自计跳绳次数和复述听到的数字的准确率，对参与的15组进行排名，并对优胜队伍给予奖励。

学习方法与要求

学习方法：两人一组共同练习，一人自计跳绳，一人随机播报数字，从记1个数开始练习，一轮结束双方交换练习，熟练后逐渐增加数字直至记4个数。

学习要求：记住播报数字的同时自计跳绳次数要具有准确性。

学习的重点：学生跳绳时的听觉记忆。

学习的难点：自己计跳绳次数过程中同时记数。

学习提示

在家里练习时可以由家长发令并参与练习。学生掌握该练习方法后可采用单脚跳和闭眼跳进一步提升平衡能力，发展前庭功能；学生可在不同材质的地面上进行光脚跳绳练习，发展触觉能力；学生不断提升跳绳的难度，让全身的肌肉和关节都动起来，发展本体感觉能力。

自我评价

内容	自计短绳 30 次同时记数				备注
等级	优秀	良好	及格	不及格	利用智能跳绳计数并查看学生自己计次数是否与智能跳绳计数相同，剖析失误原因
标准	4 个数	3 个数	1~2 个数	0	
记录					

课后计划

练习内容		练习时间	年　月　日
练习组数			
持续时间			
使用智能跳绳练习感受			
教师或家长确认			

第三课

学习目标

一级目标：在规定时间内完成折返跳绳接力。

二级目标：在规定时间内完成折返跳绳接力并听清楚一半的数字。

三级目标：在规定时间内完成折返跳绳接力并记住全部的数字。

学习内容

主要内容：在进行折返跳绳接力过程中通过听觉记住听到的数字。通过智能跳绳平台数据与自计次数对比，最后判断是否听清楚数字和自计跳绳次数是否准确。

学习步骤：根据学生人数进行分组，一般以 5 人一组为适宜。

① 在平整空地上，学生面向起点线，在离起点线一臂距离呈一路纵队站立，在距离起点 30 米处设置终点，在终点处放置一根短绳，并安排一名助教在终点负责说数字；

② 开始时，第一名学生快速奔跑至终点并拿起短绳进行一分钟跳绳，在跳的过程中助教会告诉学生 1 个个位数，学生确认后迅速跑回与第二名学生击掌并告诉对方听到的数字后，回队尾继续排队。

③ 后面的队员依次进行，直到所有队员完成任务，最后一名学生将听到的所有数字告诉第一名学生。

游戏内容：按学生人数分为 5 人一组，跑到指定位置后开始一分钟单摇跳绳，在确保听到的数字准确的前提下，通过智能跳绳平台对小组的单摇次数由高到低进行排名。

学习方法与要求

学习方法：3 人一组共同练习，1 人报数，2 人折返接力交换听到的数字，熟练后开始增加人数共同练习。

学习要求：记住报数的数字，同时记住队友听到的数字。

学习的重点：学生动态跳绳接力的听觉记忆。

学习的难点：记住自己要传达的数字并记住队友传达的数字。

学习提示

在家里练习时可以由家长发令并参与练习。学生掌握该练习方法后可采用单脚跳进一步提升平衡能力，发展前庭功能；学生可在不同材质的地面上进行光脚跳绳练习，发展触觉能力；学生不断提升跳绳的难度，让全身的肌肉和关节都动起来，发展本体感觉能力。

自我评价

内容	折返跳绳接力记数				备注
等级	优秀	良好	及格	不及格	利用智能跳绳计数并看学生对于要传达的数字和自己接收到的数字是否记忆准确，剖析失误原因
标准	传达及接收数字都记住，并在规定时间内跑完	传达及接收数字都记住	只记住传达数字或只记住接收数字	一个数字都记不住	
记录					

课后计划

练习内容		练习时间	年　月　日
练习组数			
持续时间			
使用智能跳绳练习感受			
教师或家长确认			

第四课

学习目标

一级目标：利用智能跳绳完成规定次数的一带二跳。

二级目标：利用智能跳绳完成规定次数的一带二跳并记住听到的数字。

三级目标：利用智能跳绳完成规定次数的一带二跳并记住听到的数字的顺序。

学习内容

主要内容：在进行一带二跳接力过程中通过听觉记住听到的数字且顺序一致。通过智能跳绳平台数据与自计次数对比，判断一带二跳接力过程中记住数字的情况下自计跳绳数是否还能准确。

学习步骤：

① 在平整的空地上，学生3人一组一路纵队排列，每组分发一根短绳，中间的学生双手持绳。

② 学习时，中间的学生摇绳，3人同时起跳，连续完成一定的次数。

③ 在学生进行一带二跳过程中助教说出3个个位数，学生按排列顺序记数，第一个学生记第一个数字，第二个学生记第二个数字，第三个学生记第三个数字，并且完成规定一带二跳的个数后按顺序向教师复述听到的数字。

游戏内容：学生3人一组，由教师发令进行一分钟一带二跳绳，游戏结束后通过智能跳绳平台对小组的摇绳次数由高到低进行排名。

学习方法与要求

练习方法：4人一组共同练习，1人报数，3人进行一带二跳，在跳的过程中记住报数的同学报出的数字，并按照顺序复述，熟练后互相交换报数的同学。

练习要求：能连续跳到规定的次数，并且能够按顺序记住报出的数字。

课后练习：教师通过学生在课堂中的表现进行分级，按学生所处级别有针对性地在智能跳绳客户端给学生布置课后作业，学生完成后上传作业。教师通过后台查看并及时给出训练建议。

学习的重点：学生之间的分工与合作。

学习的难点：按照顺序记住报出的数字。

学习提示

在家里练习时可以由家长发令并参与练习。学生掌握该练习方法后可采用单脚跳和闭眼跳进一步提升平衡能力，发展前庭功能；学生可在不同材质的地面上进行光脚跳绳练习，发展触觉能力；学生不断提升跳绳的难度，让全身的肌肉和关节都动起来，发展本体感觉能力。

自我评价

内容	一带二跳记数				备注
等级	优秀	良好	及格	不及格	
标准	连续跳到规定次数并按顺序复述听到的数字	按照顺序复述听到的数字	能复述听到的数字但是顺序不同	没有记住数字	利用智能跳绳计数，看学生是否能记住数字，并按顺序复述出来，剖析失误原因
记录					

课后计划

练习内容		练习时间	年　月　日
练习组数			
持续时间			
使用智能跳绳练习感受			
教师或家长确认			

第五课

学习目标

一级目标：6人连续穿梭跳短绳。

二级目标：6人连续穿梭跳短绳并记住摇绳者报出的4个数字。

三级目标：6人连续穿梭跳短绳并将听到的数字在结束后复述出来。

学习内容

主要内容：学生在进行6人连续穿梭跳短绳的过程中，记住摇绳者报出的数字，并在整组队员按顺序跳完后复述听到的数字。通过智能跳绳平台数据与自计次数对比，判断学生在记住数字的情况下自计跳绳数是否还能准确。

学习步骤：

① 学生6人一组。在平整的空地上，选择一人双手持绳，其余学生排成一纵队，持绳者以颠跳的形式原地并脚单摇跳绳，跳绳者排成纵队并与摇绳者方向垂直。

② 摇绳者采用"1——2——，1——2——"的节奏连续摇绳，跳绳者依次跑跳入绳完成三次跳绳，在跳绳的过程中摇绳者说一个提前规定的数字，跳绳者要在跳绳中认真听并且记住这个数字，随后跑出。

③ 先完成的队员绕过摇绳者，回到原来位置等到所有队员跳完后按顺序复述听到的数字。

学习方法与要求

学习方法：6人一组共同练习，1人以颠跳的形式原地并脚单摇跳绳，5人按顺序跑跳入绳完成三次跳绳，在跳的过程中听摇绳者说出的数字，在结束后复述。

学习要求：摇绳的学生不停顿，跑跳入绳的学生能听到并且准确复述听到的数字。

课后练习：教师通过学生在课堂中的表现进行分级，按学生所处级别有针对性地在智能跳绳客户端给学生布置课后作业，学生完成后上传作业，教师通过后台查看并及时给出训练建议。

学习的重点：学生之间的分工与合作。

学习的难点：在动态的跳绳中记住听到的数字。

学习提示

学生掌握该练习方法后可采用单脚跳进一步提升平衡能力，发展前庭功能；学生可在不同材质的地面上进行光脚跳绳练习，发展触觉能力；学生不断提升跳绳的难度，让全身的肌肉和关节都动起来，发展本体感觉能力。

自我评价

内容	6人连续穿梭跳短绳记数				备注
等级	优秀	良好	及格	不及格	利用智能跳绳，看学生是否能连续跳绳三次，能否在动态练习中听到数字并在结束后复述出来，最后进行分析和总结
标准	连续跳完三次跳绳，听到数字并在结束后能准确复述	在结束后能准确复述数字	能连续跳完三次跳绳并听到数字	不能连续跳三次跳绳，也没有听到数字	
记录					

课后计划

练习内容		练习时间	年 月 日
练习组数			
持续时间			
使用智能跳绳练习感受			
教师或家长确认			

第六课

学习目标

一级目标：6人短绳连续"8"字跳。

二级目标：6人短绳连续"8"字跳，摇绳者记住面向自己跑跳的组员报出的1个数字。

三级目标：6人短绳连续"8"字跳，摇绳者在结束后复述听到的4个数字。

学习内容

主要内容：学生在进行6人短绳连续"8"字跳时，跳绳者需要记住自己要报的数字，摇绳者需要听清跳绳者报出的数字并在结束后复述。通过智能跳绳平台数据与自计次数对比，判断学生在进行6人短绳连续"8"字跳时，在需要说出或听到并记住数字的情况下自计跳绳数是否还能准确。

学习步骤：

① 学生6人一组。在平整的空地上，其中2人各持绳柄的一端，相

对而立，双脚前后开立，其余4人成一路纵队站在任一摇绳者的一侧。

②开始时，持绳者摇绳，跳绳者从摇绳者的左侧或右侧跑跳入绳，入绳后连续跳3次出绳，在跳的过程中朝面向自己的摇绳者报出提前获知的数字，从对角方向出绳，出绳后经摇绳者身后绕到另一侧等候。

③其余学生按照第一个学生的方法依次进行，直到所有队员都完成一次练习再重新开始。

学习方法与要求

学习方法：6人一组共同练习，2人摇绳，其余4人按顺序跑跳入绳完成3次出绳，在跳的过程中给摇绳者报数字，在一次完整的练习结束后由摇绳者复述听到的数字。

学习要求：入绳的学生不停顿并能在跳的过程中报出数字，摇绳者听报出的数字，在结束后能准确复述听到的数字。

课后练习：教师通过学生在课堂中的表现进行分级，按学生所处级别有针对性地在智能跳绳客户端给学生布置课后作业，学生完成后上传作业，教师通过后台查看并及时给出训练建议。

学习的重点：学生之间的分工与合作。

学习的难点：在动态的跳绳中记住听到的数字。

学习提示

学生掌握该练习方法后可采用单脚跳进一步提升平衡能力，发展前庭功能；学生可在不同材质的地面上进行光脚跳绳练习，发展触觉能力；学生不断提升跳绳的难度，让全身的肌肉和关节都动起来，发展本体感觉能力。

自我评价

内容	6人短绳连续"8"字跳记数				备注
等级	优秀	良好	及格	不及格	利用智能跳绳,看学生能不能在连续跳绳时报数,摇绳者能否复述听到的数字,最后进行分析和总结
标准	摇绳者不停顿,听到数字并能准确复述	摇绳者能准确复述听到的3个数字	摇绳者能复述1~2个数字	摇绳者不能复述听到的数字	
记录					

课后计划

练习内容		练习时间	年 月 日
练习组数			
持续时间			
使用智能跳绳练习感受			
教师或家长确认			

第七课

学习目标

一级目标:自跳自计短绳50次。

二级目标:自跳自计短绳50次并通过听觉记数学算式。

三级目标:自跳自计短绳50次并通过听觉记数学算式,还能算出正确答案。

学习内容

主要内容：自己计跳绳次数并在跳绳过程中通过听觉记住教师说出的数学算式。通过智能跳绳平台数据与自计跳绳次数进行对比，判断记住数学算式的情况下自计跳绳数是否还能准确。

学习步骤：学生持短绳等待教师发令，教师发令后学生开始跳绳并自己计数，在跳绳过程中教师通过音箱播放算式（算式根据学生所在年级设定相应的难度，一、二年级是加减算式，如4+5等；三至六年级是乘除算式，如7×2等），学生需要在自计跳绳次数的同时记住算式，当学生自计跳绳次数到50次时停下来示意教师完成任务。教师通过智能跳绳平台查看学生自己计跳绳次数是否准确，让学生复述听到的数学算式并算出正确答案，看学生在自计跳绳次数时的听觉记忆情况。

游戏内容：分15组进行自计短绳团队赛，并利用智能跳绳计数统计准确率，对参与的15组进行排名，并对优胜队伍给予奖励。

学习方法与要求

学习方法：两人一组共同练习，一人自计跳绳，一人随机口述数学算式，一轮结束双方交换练习，熟练后逐渐增加数学算式数量并得出正确答案。

学习要求：记住数学算式的同时自计跳绳次数要具有准确性。

学习的重点：学生跳绳时的听觉记忆。

学习的难点：自己计跳绳次数的同时记数学算式并得出正确答案。

学习提示

在家里练习时可以由家长发令并参与练习。学生掌握该练习方法后可采用单脚跳和闭眼跳进一步提升平衡能力，发展前庭功能；学生可在不同材质的地面上进行光脚跳绳练习，发展触觉能力；学生不断提升跳绳的难度，让全身的肌肉和关节都动起来，发展本体感觉能力。

自我评价

内容	自计短绳 50 次同时记数学算式				备注
等级	优秀	良好	及格	不及格	利用智能跳绳计数查看学生自己计次数是否准确，能否记住数学算式且能得出正确答案，并剖析失误原因
标准	自计准确，记住数学算式且能得出正确答案	自计准确并记住数学算式	自计准确	自计不准确	
记录					

课后计划

练习内容		练习时间	年　月　日
练习组数			
持续时间			
使用智能跳绳练习感受			
教师或家长确认			

第八课

学习目标

一级目标：自跳自计短绳 30 次并看清提示板上的数字。

二级目标：自跳自计短绳 30 次并通过视觉记住提示板上的 2 个数。

三级目标：自跳自计短绳 30 次并通过视觉记住提示板上的 4 个数。

学习内容

主要内容：自己计跳绳次数并在跳绳过程中通过视觉记住提示板上的数字。通过智能跳绳平台数据与自计次数对比，最后判断是否看清楚数字和自计跳绳次数是否准确。

学习步骤：学生持短绳等待教师发令，教师发令后学生开始跳绳并自己计数，在跳绳过程中教师通过提示板给学生看提示板上的4个个位数，学生需要在自计跳绳次数的同时记住提示板上的4个数，当学生自计跳绳次数到30次时停下来示意教师完成任务。教师通过智能跳绳平台看学生自己计次数是否准确，并让学生复述看到的4个数，看学生在自计跳绳次数时的视觉记忆情况。

游戏内容：分15组进行自计短绳团队赛，并利用智能跳绳计数统计准确率，对参与的15组进行排名，并对优胜队伍给予奖励。

学习方法与要求

学习方法：两人一组共同练习，一人自计跳绳，一人随机在提示板上写数字，从记1个数开始练习，一轮结束双方交换练习，熟练后逐渐增加数字直至记4个数。

学习要求：记住提示板上的数字，同时自计跳绳次数具有准确性。

学习的重点：学生跳绳时的视觉记忆。

学习的难点：自己计跳绳次数过程中同时记数。

学习提示

在家里练习时可以由家长发令并参与练习。学生掌握该练习方法后可采用单脚跳进一步提升平衡能力，发展前庭功能；学生可在不同材质的地面上进行光脚跳绳练习，发展触觉能力；学生不断提升跳绳的难度，让全身的肌肉和关节都动起来，发展本体感觉能力。

自我评价

内容	自计短绳 30 次同时记数				备注
等级	优秀	良好	及格	不及格	利用智能跳绳计数，并查看学生自己计次数是否与智能跳绳计数相同，同时记数是否准确，剖析失误原因
标准	4 个数	3 个数	1~2 个数	0 个数	
记录					

课后计划

练习内容		练习时间	年　月　日
练习组数			
持续时间			
使用智能跳绳练习感受			
教师或家长确认			

第九课

学习目标

一级目标：自跳自计短绳 60 次并看清提示板上的数字。

二级目标：自跳自计短绳 60 次并通过视觉记住提示板上的 2 个数。

三级目标：自跳自计短绳 60 次并通过视觉记住提示板上的 4 个数。

学习内容

主要内容：自己计跳绳次数并在跳绳过程中通过视觉记住提示板上的

数字。通过智能跳绳平台数据与自计次数对比，最后判断是否看清楚数字和自计跳绳次数是否准确。

学习步骤：学生持短绳等待教师发令，教师发令后学生开始跳绳并自己计数，在跳绳过程中教师通过提示板给学生看提示板上的4个个位数，学生需要在自计跳绳次数的同时记住提示板上的4个数，当学生自计跳绳次数到60次时停下来示意教师完成任务。教师通过智能跳绳平台看学生自己计次数是否准确，并让学生复述看到的4个数，看学生在自计跳绳次数时的视觉记忆情况。

游戏内容：分15组进行自计短绳团队赛，并利用智能跳绳计数统计准确率，对参与的15组进行排名，并对优胜队伍给予奖励。

学习方法与要求

学习方法：两人一组共同练习，一人自计跳绳，一人随机在提示板上写数字，从1个数开始练习，一轮结束双方交换练习，熟练后逐渐增加数字直至4个数。

学习要求：记住提示板上的数字，同时自计跳绳次数要具有准确性。

学习的重点：学生跳绳时的视觉记忆。

学习的难点：自己计跳绳次数过程中同时记数。

学习提示

在家里练习时可以由家长发令并参与练习。学生掌握该练习方法后可采用单脚跳进一步提升平衡能力，发展前庭功能；学生可在不同材质的地面上进行光脚跳绳练习，发展触觉能力；学生不断提升跳绳的难度，让全身的肌肉和关节都动起来，发展本体感觉能力。

自我评价

内容	自计短绳 60 次同时记数				备注
等级	优秀	良好	及格	不及格	利用智能跳绳计数，并查看学生自己计次数是否与智能跳绳计数相同，同时记数是否准确，剖析失误原因
标准	4 个数	3 个数	1~2 个数	0 个数	
记录					

课后计划

练习内容		练习时间	年　月　日
练习组数			
持续时间			
使用智能跳绳练习感受			
教师或家长确认			

第十课

学习目标

一级目标：组内成员连贯跳"竹竿绳"。

二级目标：学生按照排队的顺序跳"竹竿绳"，在跳的过程中大声说出看到的 4 个数字。

三级目标：学生按照排队的顺序跳"竹竿绳"，在跳的过程中说出看到的 4 个数字并在练习后复述看到的数字。

学习内容

主要内容：学生在跳"竹竿绳"的过程中大声地说出看到的数字并记住，在整组队员按顺序跳完后复述看到的数字。通过智能跳绳平台数据与自计次数对比，判断学生在跳"竹竿绳"的过程中记住数字的情况下自计跳绳数是否还能准确。

学习步骤：

① 学生6人一组。在平整的空地上，每组任意选定其中2人作为摇绳者，摇绳者单手持绳蹲下（绳距离地面10～20厘米），跳绳者与短绳呈垂直状，排成纵队站立。

② 开始时，摇绳者用中等速度左右来回摆动短绳，跳绳者从头至尾依次越过摆动的跳绳，在这个过程中，助教站在跳绳者正面举起写有数字的提示板，跳绳者确定数字后大声念出来，跑跳越过绳后绕过摇绳者返回起点，排队等待所有队员跳完后向教师复述刚刚看到的数字。

学习方法与要求

学习方法：7人一组共同练习，1人用提示板写出4个数字，2人摇绳，4人跳"竹竿绳"，在跳的过程中大声念出并记住提示板上的数字，在结束后复述。

学习要求：一组学生能连续跳"竹竿绳"中间没有停顿，并且记住提示板上的数字。

课后练习：教师通过学生在课堂中的表现进行分级，按学生所处级别有针对性地在智能跳绳客户端给学生布置课后作业，学生完成后上传作业，教师通过后台查看并及时给出训练建议。

学习的重点：学生之间的分工与合作。

学习的难点：在动态的跳绳中记住看到的数字。

学习提示

学生掌握该练习方法后可采用单脚跳进一步提升平衡能力，发展前庭功能；学生可在不同材质的地面上进行光脚跳绳练习，发展触觉能力；学生不断提升跳绳的难度，让全身的肌肉和关节都动起来，发展本体感觉能力。

自我评价

内容	"竹竿绳"记数				备注
等级	优秀	良好	及格	不及格	利用智能跳绳，看学生能否看到数字并念出数字，最后是否能记住数字，结束后进行分析和总结
标准	一组学生连续跳完，念出数字并在结束后能准确复述	念出数字并在结束后能准确复述	能念出或者能复述看到的数字	没有念出数字，也没有记住数字	
记录					

课后计划

练习内容		练习时间	年　月　日
练习组数			
持续时间			
使用智能跳绳练习感受			
教师或家长确认			

第十一课

学习目标

一级目标：自跳自计短绳 50 次。

二级目标：自跳自计短绳 50 次并通过视觉记 2 种植物。

三级目标：自跳自计短绳 50 次并通过视觉记 4 种植物。

学习内容

主要内容：自己计跳绳次数并在跳绳过程中通过视觉记住展示的植物。通过智能跳绳平台数据与自计跳绳次数进行对比，判断在跳绳过程中记住图片中的植物的情况下自计跳绳数是否还能准确。

学习步骤：学生持短绳等待教师发令，教师发令后学生开始跳绳并自己计数，在跳绳过程中教师通过展示图片的方式给学生看植物，学生需要在自计跳绳次数的同时记住展示图片上的植物，当学生自计跳绳次数到 50 次时停下来示意教师完成任务。教师通过智能跳绳平台查看学生自己计次数是否准确，并让学生复述看到的植物，看学生在自计跳绳次数时的视觉记忆情况。

游戏内容：分 15 组进行自计短绳团队赛，并利用智能跳绳计数统计准确率，对参与的 15 组进行排名，并对优胜队伍给予奖励。

学习方法与要求

学习方法：两人一组共同练习，一人自计跳绳，一人随机展示植物图片，从 1 种植物开始练习，一轮结束双方交换练习，熟练后逐渐增加植物直至 4 种。

学习要求：记住展示图片上的植物的同时自计跳绳次数要具有准确性。

学习的重点：学生跳绳时的视觉记忆。

学习的难点：自己计跳绳次数的同时记植物名称。

学习提示

在家里练习时可以由家长发令并参与练习。学生掌握该练习方法后可采用单脚跳进一步提升平衡能力，发展前庭功能；学生可在不同材质的地面上进行光脚跳绳练习，发展触觉能力；学生不断提升跳绳的难度，让全身的肌肉和关节都动起来，发展本体感觉能力。

自我评价

内容	自计短绳 50 次同时记植物				备注
等级	优秀	良好	及格	不及格	利用智能跳绳计数，并查看学生自己计次数是否与智能跳绳计数相同，同时是否能记住植物名称，剖析失误原因
标准	自计准确并记住 4 种植物	自计准确并记住 2 种植物	自计准确	自计不准确	
记录					

课后计划

练习内容		练习时间	年　月　日	
练习组数				
持续时间				
使用智能跳绳练习感受				
教师或家长确认				

第十二课

学习目标

一级目标：自跳自计短绳 50 次。

二级目标：自跳自计短绳 50 次并通过视觉记古诗词标题。

三级目标：自跳自计短绳 50 次并通过视觉记古诗词标题且背诵该篇古诗词。

学习内容

主要内容：自己计跳绳次数并在跳绳过程中通过视觉记住展示的古诗词标题。通过智能跳绳平台数据与自计跳绳次数进行对比，判断在记住古诗词标题的情况下自计跳绳数是否还能准确。

学习步骤：学生持短绳等待教师发令，教师发令后学生开始跳绳并自己计数，在跳绳过程中教师通过展示图片的方式给学生看古诗词标题（古诗词根据不同年级选择学生教材上的古诗词），学生需要在自计跳绳次数的同时记住展示图片上的古诗词标题，当学生自计跳绳次数到 50 次时停下来示意教师完成任务。教师通过智能跳绳平台查看学生自己计次数是否准确，让学生复述看到的古诗词标题并背诵该篇古诗词，看学生在自计跳绳次数时的视觉记忆情况。

游戏内容：分 15 组进行自计短绳团队赛，并利用智能跳绳计数统计准确率，对参与的 15 组进行排名，并对优胜队伍给予奖励。

学习方法与要求

学习方法：两人一组共同练习，一人自计跳绳，一人随机展示古诗词标题，一轮结束双方交换练习，熟练后逐渐增加古诗词数量并准确背诵。

学习要求：记住展示图片上的古诗词标题的同时自计跳绳次数要具有准确性。

学习的重点：学生跳绳时的视觉记忆。

学习的难点：自计跳绳次数的同时记古诗词标题并背诵该篇古诗词。

学习提示

在家里练习时可以由家长发令并参与练习。学生掌握该练习方法后可采用单脚跳进一步提升平衡能力，发展前庭功能；学生可在不同材质的地面上进行光脚跳绳练习，发展触觉能力；学生不断提升跳绳的难度，让全身的肌肉和关节都动起来，发展本体感觉能力。

自我评价

内容	自计短绳 50 次同时记古诗词标题				备注
等级	优秀	良好	及格	不及格	利用智能跳绳计数，并查看学生自己计次数是否与智能跳绳计数相同，同时是否能记住古诗词标题并背诵，剖析失误原因
标准	自计准确，记住古诗词标题且能背诵该篇古诗词	自计准确并记住古诗词标题	自计准确	自计不准确	
记录					

课后计划

练习内容		练习时间	年　月　日
练习组数			
持续时间			
使用智能跳绳练习感受			
教师或家长确认			

第十三课

学习目标

一级目标：利用智能跳绳完成规定次数的一带一跳。

二级目标：利用智能跳绳完成规定次数的一带一跳并记住看到的数学算式。

三级目标：利用智能跳绳完成规定次数的一带一跳并记住看到的数学算式且计算出正确答案。

学习内容

主要内容：学生在进行一带一跳过程中通过视觉记住看到的数学算式并计算正确答案。通过智能跳绳平台数据与自计次数对比，判断一带一跳过程中记住数学算式的情况下自计跳绳数是否还能准确。

学习步骤：

① 在平整的空地上，学生两人一组，每组分发一根短绳，一人双手持绳并摇绳，另一人同时起跳，连续完成规定的次数。

② 在学生进行一带一跳过程中，助教会站在持绳学生的正前方展示一张带有数学算式的图片，持绳学生记住该数学算式并复述给另一名学生，在达到规定次数后示意助教完成，由非持绳的学生告诉助教数学算式及算式得出的答案。

游戏内容：学生两人一组，由教师发令进行一分钟一带一跳，游戏结束后通过智能跳绳平台对小组的摇绳次数由高到低进行排名。

学习方法与要求

学习方法：3人一组共同练习，1人展示带有数学算式的图片，2人进行一带一跳，在跳的过程中记住数学算式并算出正确答案，熟练后互相交换展示图片的同学。

学习要求：能连续跳到规定的次数，并且能够记住看到的数学算式及算出正确答案。

课后练习：教师通过学生在课堂中的表现进行分级，按学生所处级别有针对性地在智能跳绳客户端给学生布置课后作业，学生完成后上传作业，教师通过后台查看并及时给出训练建议。

学习的重点：学生之间的分工与合作。

学习的难点：在一带一跳过程中，记住看到的数学算术并算出正确答案。

学习提示

在家里练习时可以由家长发令并参与练习。学生掌握该练习方法后可采用单脚跳进一步提升平衡能力，发展前庭功能；学生可在不同材质的地面上进行光脚跳绳练习，发展触觉能力；学生不断提升跳绳的难度，让全身的肌肉和关节都动起来，发展本体感觉能力。

自我评价

内容	一带一跳同时记数学算式				备注
等级	优秀	良好	及格	不及格	
标准	达到规定的一带一跳次数并能复述看到的算式且得出正确答案	达到规定的一带一跳次数并能复述看到的算式	达到规定的一带一跳次数	未能达到规定的一带一跳次数	利用智能跳绳计数，看学生是否能记住数学算式，并算出正确答案，剖析失误原因
记录					

第4章 如何纠正感觉统合失调

课后计划

练习内容		练习时间	年　月　日
练习组数			
持续时间			
使用智能跳绳练习感受			
教师或家长确认			

第二节 花式跳绳运动提升感觉统合能力探索

花式跳绳运动作为青少年体育健身的主要项目之一，不仅有助于促进学生大脑的发育，还能提升他们的学习能力，进而促进身心的全面健康发展。在学生的成长过程中，感觉统合能力和学习适应能力的发展具有极其重要的地位。本节以感觉统合理论为理论基础，借助花式跳绳运动作为干预手段，深入探讨花式跳绳练习对小学低年级学生的感觉统合能力的影响。

一、每位教师和家长的心愿

每位教师和家长都希望了解提升小学低年级学生的感觉统合能力的锻炼方案，花式跳绳运动不仅能够为感觉统合能力训练开辟新的途径，还能够为学生带来更多健康与快乐。

花式跳绳运动在理论层面具有以下深远意义：第一，通过深入探索，本运动将进一步丰富感觉统合训练的方法，填补我国在特定运动项目提升感觉统合能力的研究空白，同时也为相关领域的研究者提供宝贵的理论借鉴。第二，小学低年级学生参与花式跳绳练习，不仅能够显著增强他们的身体素质，还为学校体育教学的创新提供了丰富的内容和手段。此外，这也为花式跳绳在学校体育中的普及提供了坚实的理论依据。

花式跳绳运动能够很好地解决我国小学低年级学生感觉统合能力失调的问题，有效促进学生的身心健康发展，在实践中得到了教师、家长和学生的广泛认可，进而推动花式跳绳在学校体育中的普及与推广，为后续的深入研究奠定了坚实基础。

二、感觉统合训练的受众人群

教师和家长都需要了解花式跳绳这一运动方式在提升低年级学生的感觉统合能力方面的作用和影响。本节的教学探索活动针对小学一、二年级学生展开，受试对象为在二年级中随机挑选的两个自然班，共计80名学生。在前期调查中，作者确认所有受试者均未接触过花式跳绳这项运动。为确保教学结果的客观性和准确性，本次活动将严格控制两组受试者的教学时间、教学频率以及运动负荷，确保各项条件保持一致。

三、了解提升感觉统合能力的途径

首先，针对本次活动，作者深入学习了关于感觉统合、花式跳绳以及小学低年级学生等相关的理论书籍，以便为本次活动打下坚实的理论基础。随后，作者利用中国知网、万方、维普等学术数据库，以"感觉统合""感觉统合失调""花式跳绳"以及"小学低年级学生"为关键词，进行了广泛的文献搜索，然后进行了严格的筛选、阅读、学习和整理工作。

此外，作者还特别关注了影响因子较高的论文，并进行了深入的分析研究，以期为本次活动提供更为准确和全面的依据。

在教学活动开始前后及进行期间，作者亲自与教学对象的班主任、任课教师及家长进行了面对面的深入交流。通过这些访谈，作者全面了解了学生的基本情况，并掌握了教学活动前后学生的变化情况。

在教学活动前、后分别发放问卷《儿童感觉统合能力发展评定量表》（见附录一），以评定学生的感觉统合能力的变化情况。

1. 测定感觉统合能力的工具

本书中采用的量表是由北京大学精神卫生研究所的王玉凤、任桂英据中国台湾郑信雄编制的"儿童感觉统合测试表"、结合中国大陆儿童学习生活实际情况修订编制成的《儿童感觉统合能力发展评定量表》。

2. 感觉统合能力提升计划

经过对学校实际情况的走访和前期调查，为确保活动结果的科学性和可靠性，作者在二年级的班级中随机选取两个自然班：二年2班和二年4班。二年2班的学生将按照预定的计划参与花式跳绳课程，共计40人，其中男生19人、女生21人。二年4班的学生则将参加与二年2班具有相同训练频率和运动负荷的常规体育课程，共计40人，其中男生18人、女生22人。通过这样的设置，本次活动能够更准确地探究花式跳绳对二年级学生产生的影响。作者在2023年3月至2023年6月进行了12周、共计48课时的花式跳绳教学。

《儿童感觉统合能力发展评定量表》主要用于评判受试者的感觉统合能力情况，量表分为四个维度，分别是：触觉过分防御以及情绪不稳定、本体感觉不佳、前庭觉功能失调、学习能力。该评价量表共采用 5 级评分，最高 5 分，最低 1 分。评价量表的最终结果是由各个维度的总分作为原始分再通过转化标准分 T 后进行感觉统合能力评价，标准分 T 在 40 分及以上代表感觉统合能力正常，在 30~40 分之间表示具有轻度感觉统合失调，在 20~30 分之间表示中度感觉统合失调，当 T 值小于 20 分则表示出现了重度感觉统合失调。本量表的填写将在班主任的帮助下先给家长进行简单的填写培训，方便家长知道该调查的用途和理解一些概念，之后再采用现场填写并现场回收的方式进行，本次活动的量表总共发放 80 份，回收 80 份，回收率 100%。

教学过程选取的二年 2 班和二年 4 班都是同一位教师，以确保受试者所接受的教学时间和频率一致，不进行单独的练习；活动前将对两组感觉统合能力评价结果进行同质性检验，确保二年 2 班跟二年 4 班的总体感觉统合能力没有显著性差异。

教学活动前使用《儿童感觉统合能力发展评定量表》对二年 2 班和二年 4 班的所有受试者都进行了感觉统合能力评价，并且将评价数据中的原始分转换成标准分 T，对转换后的标准分 T 进行独立样本 t 检验分析，测试数据以 M±SD（均值 ± 标准差）表示，如表 4-1 和表 4-2 所示。

表 4-1 二年 2 班和二年 4 班活动前感觉统合量表对比（M±SD）

	二年 2 班	二年 4 班	T	P
活动前量表对比	37.55±7.11	37.43±6.68	0.535	0.645

表 4-2 二年 2 班和二年 4 班活动前感觉统合量表各项指标对比（M±SD）

	二年 2 班	二年 4 班	T	P
本体感觉	37.22±6.77	37.34±6.45	−0.134	0.832
触觉功能	38.68±6.81	37.89±7.07	0.542	0.534

续表

	二年2班	二年4班	T	P
前庭功能	36.76±7.68	36.87±6.77	−0.065	0.954
学习能力	38.88±6.79	37.65±6.55	0.689	0.577

从表4-2可知，二年2班和二年4班受试者在本体感觉、触觉功能、前庭功能、学习能力四个指标的数值均表现为 P > 0.05，所以不存在显著性差异。

教学过程与内容：本次活动中使用的器材包括体育与健康课程教材、教学相关技术动作讲解视频以及各种常规体育器材等，二年2班的教学内容安排是根据跳绳大众锻炼等级标准中的大众一级和大众二级动作来进行花式跳绳的教学设计，二年2班教学内容设计和感觉统合能力发展是相契合的，可以做到对二年2班的学生的感觉统合功能进行多角度刺激，包括多样化的视觉刺激、多方位的听觉刺激、多点的触觉感受、不同的前庭觉感受和不同方位的本体感觉体验。

前庭觉训练内容：强化方向感、速度感、重力感、位置感等前庭刺激，促进头、眼、手、脚的协调与身体双侧统合，增进左右脑的协调发展，提升注意力。该训练的目的是通过改善前庭觉失调引起的好动不安、注意力不集中、身体协调性差、空间感差、位置感受不良、不自信等问题，如表4-3所示。

表4-3 前庭觉训练内容

运动刺激方式	练习内容
旋转	前后转换跳、长绳10人"8"字跳、三角绳、跳绳转圈
平衡	绳操、同侧胯下直摇跳、异侧胯下交叉跳
跳跃	开合跳、弓步跳、双摇、交叉跳、袋鼠跳绳游戏
摇摆	钟摆跳、左右并脚跳、前后打、左右甩绳

本体感觉训练内容：使不同的肌肉、关节和韧带参与多样化运动，进而强化本体感觉刺激，促进四肢动作协调发展。目的是改善本体感觉失调导致的动作不协调、左右不分、认知能力差、反应慢等问题，如表 4-4 所示。

表 4-4 本体感觉训练内容

运动刺激方式	练习内容
奔跑	网绳、冲浪绳、十字绳、三角绳、长绳 10 人"8"字跳
跳跃	提膝点地跳、双脚轮换跳、勾脚点地跳、百变绳游戏
投掷	基本抛接绳、腿部缠绕、跳绳抛接球
钻爬	绳子闯关游戏、旅行跳、绳中绳

触觉训练内容：通过刺激身体不同部位，强化躯干与四肢体表皮肤对各种物体的触觉刺激，提高身体各部位的触觉敏感性，强化大脑与触觉的协调能力。目的是改善因触觉失调导致的学生胆小、害羞、爱哭、怕生、反应慢等问题，如表 4-5 所示。

表 4-5 触觉训练内容

运动刺激方式	练习内容
接触	跳绳接力游戏、绳子过河游戏、踩小蛇、手臂缠绕、跳绳捡沙包
按压	放松活动，同伴互相按摩小腿、捶背、揉肩、放松手腕

综合训练内容：通过对前庭觉、本体感觉和触觉等多个感觉系统的组合刺激，统合前庭觉、本体感觉、触觉等感觉，增强学生的感觉统合能力，促进学生认知、学习、情绪、语言和智力的和谐发展，如表 4-6 所示。

表 4-6 综合训练内容

运动刺激方式	练习内容
组合动作	跳绳动作串、双摇组合、缠绕 + 步法

本次教学活动依据儿童运动发展规律，分三阶段进行。第一阶段（第1~5周）教授绳操和大众一级动作，如侧甩绳、并脚跳等，旨在建立基础动作技能。第二阶段（第6~9周）深化至花式跳绳大众二级动作，如弹踢腿、后屈腿等，以激发兴趣并融合感觉统合能力发展。第三阶段（第10~12周）聚焦于综合动作练习，如双摇、一带一跳、跳绳动作串等，全面提升感觉统合能力。二年4班则按学校体育教学计划进行教学，确保教学时间和频率与二年2班一致。每节课遵循6分钟准备、30分钟基本教学、4分钟结束的结构，如表4-7、表4-8所示。

表 4-7 二年 2 班第一阶段教学内容安排

阶段	周次	教学部分	教学内容	练习量
第一阶段	第1~5周	准备部分（6分钟）	篮球场慢跑两圈；头、肩、膝、踝运动，正、侧压腿，小碎步跑，高抬腿跑，绳操学习	4×8拍
		基本部分（30分钟）（自编绳操、大众一级动作）	左右甩绳练习，并脚跳，开合跳，弓步跳，并脚左右跳，双脚轮换跳，勾脚点地跳，基本交叉跳	4×8拍
			1分钟跳绳比赛；30秒钟并脚跳绳接力；30秒交换跳绳接力	4组 4组 4组
		结束部分（4分钟）	四肢拉伸放松活动	4×8拍

表 4-8 二年 2 班第二、三阶段教学内容安排

阶段	周次	教学部分	教学内容	练习量
第二阶段	第 6~9 周	准备部分（6 分钟）	篮球场慢跑两圈；头、肩、膝、踝运动，正、侧压腿，小碎步跑，高抬腿跑，绳操学习	4×8 拍
		基本部分（30 分钟）（大众二级动作）	左右侧打甩绳、踢腿跳、弹踢腿跳、后屈腿跳、钟摆跳、连续交叉跳、踏步跳	4×8 拍
			后摇跳绳；集体长绳跳	50 次 3 轮
		结束部分（4 分钟）	上肢拉伸运动；下肢拉伸运动	4×8 拍
第三阶段	第 10~12 周	准备部分（6 分钟）	操场慢跑一圈；头部运动，背部运动，拉伸运动，关节运动	4×8 拍
		基本部分（30 分钟）（进阶动作）	大众二级动作复习	2 组
			一带一跳	30 次
			两人协同跳	30 次
			双摇跳	10 个
			长绳"8"字跳	3 轮
		结束部分（4 分钟）	四肢拉伸放松活动	4×8 拍

四、花式跳绳提升感觉统合能力的成效与分析

1. 二年 2 班教学活动前后感觉统合能力评价结果对比分析

二年 2 班经 12 周、共计 48 课时的花式跳绳教学后，再次进行感觉统合能力评价。我发放了 80 份评价量表给家长，并整理分析数据。表 4-9 所示结果显示：二年 2 班受试者感觉统合功能平均值从 37.55 升至 41.2，

P 值为 0.001，具有极显著差异（P < 0.01）。这表明 12 周的花式跳绳练习显著改善了受试者的感觉统合能力。

表 4-9 二年 2 班教学活动前后量表数据对比（M±SD）

	实验前	实验后	T	P
二年 2 班量表对比	37.55±7.11	41.2±6.71	-9.233	0.001

二年 2 班在完成为期 12 周、共计 48 课时的花式跳绳教学活动后，感觉统合能力的各项评价指标均呈现出显著的提升。如表 4-10 所示，本体感觉评价指标数值从原先的 37.21 提升至 42.51，增幅达到 5.3，且 P 值为 0.001，显示出极显著差异（P < 0.01）。前庭功能指标数值则由实验前的 38.67 增长到 41.33，增长了 2.66，P 值为 0.011，表明存在显著差异（0.01 < P < 0.05）。同时，触觉功能指标数值从 36.75 提升至 41.91，增长了 5.16，P 值为 0.001，同样呈现出极显著差异（P < 0.01）。学习能力评价指标数值也从 38.87 增长到 41.87，增长了 3，P 值为 0.003，显示出极显著差异（P < 0.01）。通过对比分析这四个指标，我们可以清晰地看到，花式跳绳练习对受试者的感觉统合能力在四个指标上均产生了明显的改善作用。提升幅度从大到小依次是本体感觉、触觉功能、学习能力、前庭功能。

表 4-10 二年 2 班活动前后感觉统合各项指标数据对比（M±SD）

	实验前	实验后	T	P
本体感觉	37.21±6.76	42.51±7.31	-6.452	0.001
前庭功能	38.67±6.80	41.33±6.21	-2.717	0.011
触觉功能	36.75±7.67	41.91±6.73	-6.082	0.001
学习能力	38.87±6.78	41.87±6.23	-3.782	0.003

2. 二年 4 班教学活动前后感觉统合能力评价结果对比分析

如表 4-11 所示，二年 4 班教学活动前后感觉统合能力量表数值平均值提升 0.23，增幅较小，P 值为 0.445，无显著差异。分析表明，12 周常规体育课对二年 4 班感觉统合能力有一定改善，但效果不显著。

表 4-11 二年 4 班教学活动前后量表数据对比（M±SD）

	实验前	实验后	T	P
二年 4 班量表对比	37.43±6.68	37.66±6.21	-0.67	0.445

如表 4-12 所示，二年 4 班教学活动前后感觉统合各项指标 P 值均大于 0.05，无显著差异。具体数值变化为：本体感觉略有上升，前庭功能几乎不变，触觉功能有所提升，学习能力微增，但均无显著差异。常规体育课对二年 4 班学生的感觉统合能力有所提升，但改善不明显。

表 4-12 二年 4 班前后感觉统合各项指标数据对比（M±SD）

	实验前	实验后	T	P
本体感觉	37.34±6.45	37.61±5.27	-0.545	0.527
前庭功能	37.89±7.07	37.93±5.52	-0.126	0.965
触觉功能	36.87±6.77	37.77±6.27	-0.784	0.512
学习能力	37.65±6.55	37.68±6.33	-0.515	0.921

3. 二年 2 班和二年 4 班活动后量表数据对比分析

教学活动后，独立样本 T 检验显示两组感觉统合量表测试均值均提升。如表 4-13 所示，二年 2 班数据为 41.2，二年 4 班为 37.66，P 值为 0.000，存在极显著差异（$P < 0.01$），具有统计学意义。对比数据表明，花式跳绳对感觉统合能力的改善效果优于常规的体育课。

表 4-13 二年 2 班和二年 4 班教学活动后量表数据对比（M±SD）

	二年 2 班	二年 4 班	T	P
活动后对比	41.2±6.71	37.66±6.21	5.23	0.000

如表 4-14 所示，二年 2 班和二年 4 班活动后感觉统合指标均有所提升。对比两组数据，四个指标的 P 值均小于 0.05，差异显著；其中本体感觉、触觉功能两个指标的 P 值小于 0.01，差异非常显著。因此，花式跳绳练习对感觉统合能力的改善效果较常规体育课更为显著。

表 4-14 二年 2 班和二年 4 班活动后感觉统合各项指标数据对比（M±SD）

	二年 2 班	二年 4 班	T	P
本体感觉	42.51±7.31	37.61±5.27	4.23	0.001
前庭功能	41.33±6.21	37.93±5.52	2.87	0.018
触觉功能	41.91±6.73	37.77±6.27	2.99	0.006
学习能力	41.87±6.23	37.68±6.33	2.86	0.040

五、花式跳绳练习对感觉统合能力的影响效果探究

1. 花式跳绳练习对本体感觉功能的影响探究

本次活动设计基于王鹏磊的前期研究，进一步证实了花式跳绳能够有效促进儿童左右脑的协调性发展，并显著提升其平衡感与身体协调能力。这一正面影响主要源于花式跳绳的运动特性，即要求身体上下肢肌肉持续参与，包括关节的屈伸、旋转与跳跃等复杂动作。此类动作的变化与空间位置的调整需要大脑与肌肉之间的高度协调与控制，从而有效锻炼儿童的本体控制能力。如提膝踢腿跳与勾脚跳对协调性要求较高，常需身体在练

习过程中自我调整动作偏差，并通过中枢神经系统的反馈机制进行动作校正。长期练习后强化了学生对身体空间位置、运动方向及肌肉控制力的感知。

此外，本次活动亦验证了王和平的观点，即针对感觉统合失调的儿童，通过系统的感觉统合能力训练可有效减轻其负面影响。这一现象的核心在于训练能够提升大脑对身体的控制能力。经过系统的花式跳绳练习，儿童大脑对身体的控制力得到加强，从而降低了本体感觉失调带来的不良影响。

在儿童感觉统合能力中，本体感觉的另一重要表现为协调性，这是青少年儿童身体素质发展的关键要素之一，也是运动技术顺利执行的基础。特别是在 6~14 岁的年龄阶段，儿童的大脑皮层神经发育迅速，此时进行适当的协调性练习与刺激能够进一步强化大脑对身体协调性的控制，确保技术动作的准确与流畅执行。花式跳绳作为一种高度要求身体协调性的运动，其练习过程涉及手、眼与肢体的紧密配合。随着动作的熟练化，儿童的身体控制能力得到显著增强，同时其神经系统协调功能亦得到锻炼。反复的花式跳绳动作练习强化对四肢与躯干核心肌肉的刺激，最终形成肌肉记忆，进一步提升大脑对身体的控制能力，以达到增强协调性的目的。

2. 花式跳绳练习对前庭功能的影响探究

本次活动设计在宋修伟研究的基础上进一步证实，花式跳绳通过要求眼、手、脚的协调一致，能够有效促进儿童身体的全面协调发展。同时，本次活动亦支持汪娅琴的观点，即通过系统的感觉统合能力训练能够提升少年儿童的平衡能力，并对其心智发展产生积极影响。

前庭功能中的平衡性是青少年及儿童体育运动发展的核心要素。当前庭功能失调时，儿童的平衡能力将受到显著影响。研究显示，人体的平衡维持依赖于感受器、效应器与神经中枢的协同作用。其中，感受器包括前庭系统、视觉系统与躯干系统，效应器主要由肌肉等组织构成，而神经中枢位于大脑。三者之间紧密配合使得感受器能够将平衡信息传输至神经中枢，经过处理后由神经中枢发出指令至效应器，从而维持身体的平衡状态。人体的平衡能力可分为动态与静态两种，而花式跳绳的练习过程涉及大量的平衡能力训练。静态平衡能力的锻炼主要源于保持花样动作，如站立与绳操造型等；而动态的平衡练习则几乎涵盖所有花式跳绳动作，特别是那些要求精细协调的单脚动作，如轮换跳、单脚跳与提膝踢腿跳等。这些动作不仅要求身体具备协调性，还需感觉系统、神经中枢与肌肉紧密配合。此外，花式跳绳的动作练习多为左右平衡练习，有助于促进大脑左右脑的发展，进而改善儿童的平衡能力。

在本次活动中，二年 2 班受试者的前庭功能提升更为显著。这一结果主要归因于二年 2 班的花式跳绳练习包含大量上下肢配合与针对平衡能力的系统练习，从而使二年 2 班学生的前庭功能得到更为明显的改善。

在教学活动开始前，作者运用评价量表对参与者的前庭功能进行了评估，发现部分学生存在身体空间感知能力不佳、平衡能力受损以及上下肢协调性差等问题。针对这些特定情况，二年 2 班在花式跳绳练习中特意融入了多种步法花样动作，如交换脚跳绳、左右侧甩绳等。这些精心设计的动作旨在通过增加叶前庭觉的刺激，使学生在跳绳过程中，身体各部分接收到的信息能够有效传递至大脑，进而促使大脑迅速做出反应，并通过神经信号指导肌肉组织做出相应调整，从而维持身体的稳定状态。

经过本次活动，部分感觉统合能力轻微失调的学生达到了正常水平。这些学生不仅展现出更为强劲的手臂和下肢力量，而且随着对花式跳绳动作的熟练掌握，他们的躯干控制能力也得到了显著增强。特别值得一提的是，他们的空间感知能力和方向感有了明显的改善，这为他们日后的日常生活和学习奠定了坚实的基础。

这些积极变化的产生，很大程度上得益于二年 2 班在教学安排中的精心设计。作者主要采用了跳绳大众锻炼等级标准中的大众一级和大众二级动作，这些动作既符合儿童的身心发展特点，又能够有效刺激前庭觉。这一结果不仅为感觉统合失调的儿童提供了新的治疗思路，也为相关领域的研究提供了有益的参考和借鉴。

3. 花式跳绳练习对触觉功能影响的深入分析

二年 2 班与二年 4 班结果差异显著，其根源在于二年 2 班特别针对触觉功能失调设计了相应的教学方案。触觉作为人体关键的感觉系统，自出生起便不断接收外界的刺激，机体则根据这些刺激做出适应性反应。大脑会记忆并保存这些反应行为。然而，若这一过程协调不佳，机体可能表现出反应迟钝或触觉敏感的现象。

在花式跳绳教学中，作者鼓励孩子参与集体活动，通过小型比赛和展示活动，帮助他们克服社交恐惧，增强自信，从而克服因触觉敏感而引发的集体活动厌恶和社交恐惧。此外，这一结果也验证了杨守彬的研究，即花式跳绳有助于学生树立积极乐观的发展观念，增强学生的自信、成就感和认知能力。

本次活动同样支持田万生的结论，即系统的感觉统合训练对感觉统合失调的儿童具有显著、积极的作用，尤其对触觉功能失调的治疗效果最佳。花式跳绳练习包含丰富的反应信息，如音乐节拍和动作节奏，这些都是锻炼反应能力的有效手段。

在本次活动的教学实验中，作者还加强了教师的肢体引导练习，通过手把手教学和团体、个人、小组的展示活动，打开了学生们的心扉，增强了他们的自信，改变了他们以往的封闭状态。

六、花式跳绳提升感觉统合能力的结论

1. 花式跳绳练习对小学低年级学生感觉统合能力发展有积极影响

教学活动结果显示，学生经过花式跳绳练习后，前庭功能、触觉功能、本体感觉以及学习能力四个方面与教学活动前对比都有明显提升，由此可得知花式跳绳练习对小学低年级学生感觉统合能力发展有积极影响。

2. 花式跳绳练习可以应用于小学低年级学生感觉统合能力训练

从教学活动结果中可以得知，花式跳绳练习对受试者的感觉统合能力有积极作用，所以花式跳绳练习可以作为感觉统合能力训练方法在体育课中普及。教学活动过程中还发现，花式跳绳教学内容的科学性、教学时间安排的有效性以及教学方法的合理性也同样影响着教学对象的感觉统合能力的发展。

第5章

实现学生身体素质可持续发展

第一节 基于智能跳绳设备开展家庭体育作业的应用研究

本次活动尝试运用智能跳绳设备让小学生完成家庭体育作业，以此提高学生的跳绳技术。本次活动通过教学活动法，基于智能跳绳设备对华南师范大学附属小学 46 名学生的家庭体育作业锻炼情况进行监测，教学活动结果表明，使用智能跳绳设备能够提高小学生的一分钟跳绳成绩，学生在教学活动期间养成了跳绳的习惯，活动结果为小学阶段更好地开展家庭体育作业提供借鉴。

一、"双减"政策为落实家庭体育作业提供时间保障

2020 年，体育总局和教育部印发《关于深化体教融合 促进青少年健康发展的意见》后，教育专家提倡增加体育课作业，确保学生掌握运动技能。但是家庭体育作业布置容易落实难，学生难以坚持，教师难以有效反馈，导致完成率非常低，作者随机抽取本校开展教学活动前（2020 年 12 月 13 日）的锻炼情况（如表 5-1 所示），能够每天坚持完成家庭体育作业的学生不多。通过智能跳绳设备布置家庭体育作业，可以督促学生完成作业，收集锻炼数据，获取即时反馈，对学生进行有效的管理。

表 5-1 开展教学活动前四年级学生家庭体育作业完成情况

班级	四1	四2	四3	四4	四5	全年级
总人数	45	43	43	45	45	221
完成作业人数	10	12	14	10	10	56
完成比例（%）	22.2	27.9	32.6	22.2	22.2	25.3

二、实施家庭体育作业的思路

作者随机抽取华南师范大学附属小学四年级的46位学生作为教学活动对象，带领学生观看表演、电影，然后布置为期一个月每天2000个的跳绳家庭体育作业。通过教学活动收集数据，分析家庭体育作业的完成情况、一分钟跳绳个数的变化情况，以及学生是否养成了每天2000个跳绳锻炼的习惯。对完成了家庭体育作业的学生进行访谈，访谈内容包括：2000个跳绳任务是否需要分两个时间段完成、训练过程中体力消耗情况、体重变化情况、训练过程中心理变化和技术变化过程。

三、本次活动重点概念界定

1. 单摇跳绳

单摇跳绳是跳绳的基本形式之一，练习者双手持绳柄摇动绳体，绳子每环绕身体一周，可采用并脚或单脚跨过绳体一次，计数为一，此为单摇跳绳。

2. 智能跳绳设备

智能跳绳设备具有收集数据的功能，娄亚涛在《智能化体育家庭作业的创意设计初探》中指出：这种智能化体育家庭作业的实施方式，可以将体育家庭作业进行网上布置、在线指导、实时记录与反馈，培养学生的终身体育意识和良好运动习惯，提高学生身体素质水平。本次教学活动运用的智能跳绳设备是"嗖嗖跳绳"。"嗖嗖跳绳"可以和移动设备进行连接，学生每次跳绳，设备自动记录个数，并在移动设备以及"嗖嗖跳绳"作业管理平台上显示出来，还可以在移动设备上随时查看训练时长、天数、跳绳个数、跳绳速度、排名等。教师也可以通过设备布置作业，教师和学生都可以在智能跳绳家庭作业平台看到全班同学的作业完成情况。

3. 家庭体育作业

在我国，人们对家庭体育作业没有明确的概念，部分专家和学者从不同的角度和层次对其进行了解释说明。何元戈从课内、课外的角度对此进行了定义，他在《构建和美体育教育 塑造卓越健康学生——〈多元有效的小学体育课外作业的探究〉研究报告》中指出：体育课外作业是指在体育课以外的时间学习体育技能、提高体育锻炼能力和获得体育知识的过程。卢琼从教学的角度认为体育家庭作业的概念是：学生按照体育教师布置的要求，在家庭或社区，以身体练习为主要形式，达到掌握与运用操作性知识的目标，并有反馈的活动。王国伟、王瑞佳在《核心素养下体育家庭作业设计原则》中把家庭体育作业定义为：在体育学科核心素养下的体育家庭作业是以发展学生体育学科核心素养为目标，根据学生的差异情况，设计多种内容形式，帮助学生有选择性地进行课外体育锻炼，充分发挥学生的"主体性"，促进学生体育活动常态化。

综上所述，在前人论述的基础上结合本次活动，作者认为家庭体育作业应具备以下几个要素：第一是在体育课以外时间的任务，在家庭和社区完成；第二是作业的目标是发展学生体育学科核心素养，目的是掌握与运用操作性知识、学习体育技能，提高体育锻炼能力；第三是以学生为主体，学校教师发挥指导作用。

四、实施智能跳绳的活动计划

1. 教学假设

假设 1：学生家庭作业完成情况大幅好转，以跳绳为基础的家庭体育作业锻炼习惯初步形成。

假设 2：学生一分钟计时跳绳成绩明显提高。

2. 教学内容及完成情况

华南师范大学附属小学四年级的 46 位学生在观看高水平跳绳表演、观看励志电影和写观后感之后，完成每天 2000 个跳绳作业以及线上比赛。

3. 教学工具

本次活动选择"嗖嗖跳绳"作为教学活动设备，以"嗖嗖跳绳"作业管理平台为测量工具。

4. 教学活动原理

人是习惯动物，95% 的行为是通过习惯养成的。据研究，大脑构筑一条新的神经通道需要 21 天时间。因此，人的行为暗示经过 21 天以上的重复，会形成习惯。

本次活动利用智能跳绳强大的数据统计能力和实时监控能力，从学生锻炼的兴趣、榜样、认知、行为、好胜心入手，结合教师对学生的训练反馈，帮助学生养成良好的体育锻炼习惯，提高跳绳技术。

5. 教学流程

教学活动流程如图 5-1 所示。首先通过组织学生观看表演、电影等线下与跳绳相关的活动，激发学生对跳绳运动的兴趣。然后基于"嗖嗖跳绳"作业管理平台布置家庭体育作业、组织线上跳绳比赛，学生通过"嗖嗖跳绳"智能设备完成家庭体育作业，并实时查看训练记录，得到即时反馈，教师能查看学生的训练数据，并提供在线指导。

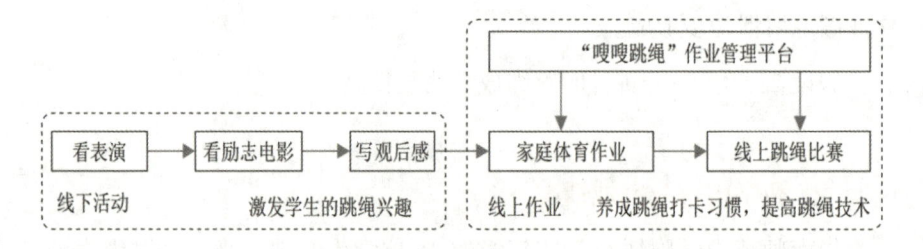

图 5-1 实验流程

五、开展教学活动及收集数据

1. 开展教学活动

（1）本次活动从激发学生对跳绳运动兴趣的角度入手，激发学生的内源性学习动力，学校邀请了全国跳绳冠军、跳绳推广人尚宝群为全校师生表演花式跳绳和速度跳绳。

（2）广州广播电视台以花都七星小学勇夺 33 个跳绳世界冠军的真实

故事改编的励志电影《点点星光》在全国热播，学校要求学生在寒假期间观看该电影，提高学生对运动训练和竞赛的认识，学习其中坚持不懈、团结一致、勇于拼搏的精神。

（3）通过撰写观后感进一步内化认识。将电影主人翁的优秀精神品质内化为自身的品质，同时提高对体育锻炼的认识，鼓励学生每时每刻所想、所言和行动向影片中的人物看齐。

（4）组建家庭作业教学活动微信群。发送"嗖嗖跳绳"使用说明给家长，发送跳绳技巧供家长学习，在"嗖嗖跳绳"微信小程序布置家庭跳绳作业，每天在微信群点评学生的体育作业情况。

（5）每天跳绳打卡练习。前21天教师每天总结2000个跳绳的完成人数，公布当天的竞数之星和竞速之星，表彰进步幅度大的同学以及一分钟速度跳绳达到200个以上的同学。第21天后教师不再每天反馈学生练习情况，观察有多少学生在之后的10天内养成跳绳打卡习惯。

（6）教师组织跳绳线上比赛，激发学生的表现欲和好胜心。

2. 数据收集

在本次教学活动前先进行一轮测试，记录46名学生的一分钟跳绳成绩，作为教学活动前跳绳成绩。在为期一个月的活动结束后再进行一轮测试，记录46名学生的一分钟跳绳成绩为教学活动后跳绳成绩。在教学活动过程中，通过"嗖嗖跳绳"作业管理平台记录46名学生的练习总个数、练习天数以及完成每天2000个跳绳的天数。

六、教学活动结果与分析

教学活动前跳绳成绩和教学活动后跳绳成绩的对比如表5-2、表5-3所示，该班级教学活动前后学生的跳绳成绩具有显著差异（P=0.000<0.05），教学活动后的均值显著高于实验前的均值，说明通过完成每天2000个跳绳的练习可以让学生的一分钟速度跳绳成绩提高。

表 5-2 教学活动前后跳绳成绩均值配对样本统计

		平均值	个案数	标准偏差	标准误差平均值
配对 1	教学活动前跳绳成绩	140.09	46	26.388	3.891
	教学活动后跳绳成绩	205.09	46	26.586	3.920

表 5-3 教学活动前后跳绳成绩对比配对样本检验

		配对差值					t	自由度	P
		平均值	标准偏差	标准误差平均值	差值95% 置信区间				
					下限	上限			
配对 1	教学活动前跳绳成绩 − 教学活动后跳绳成绩	−65.000	25.697	3.789	−72.631	−57.369	−17.155	45	0.000

检测练习天数与完成每天2000个跳绳的天数的相关性，如表5-4所示，发现相关系数为0.897>0.7，练习天数与完成每天2000个跳绳的天数有较强相关性，说明在整个练习过程中，学生养成了每天2000个跳绳的习惯。

表 5-4 练习天数与完成每天 2000 个跳绳的天数的相关性

		练习天数	完成每天 2000 个跳绳的天数
练习天数	皮尔逊相关性	1	0.897
	P		0.000
	个案数	46	46
完成每天 2000 个跳绳的天数	皮尔逊相关性	0.897	1
	P	0.000	
	个案数	46	46

将教学活动后跳绳成绩减去教学活动前跳绳成绩，得到进步个数。检测进步个数与教学活动前跳绳成绩的相关性，如表 5-5 所示，发现进步个数与教学活动前跳绳成绩显著相关（P=0.001<0.05），相关系数为负，说明在教学活动之前跳绳成绩越低的学生进步的个数越多，进步空间越大。

表 5-5 进步个数与教学活动前跳绳成绩的相关性

		活动前跳绳成绩	进步个数
教学活动前跳绳成绩	皮尔逊相关性	1	−0.478
	P		0.001
	个案数	46	46
完成每天 2000 个跳绳的天数	皮尔逊相关性	−0.478	1
	P	0.001	
	个案数	46	46

七、教学活动结论

1. 家庭体育作业完成情况大幅提升

使用智能跳绳管理平台可以全面、高效地监控学生每天家庭跳绳作业的完成情况，每天、每周、每月的竞数之星和竞速之星一目了然。在教学活动过程中，教师建立了家庭跳绳作业打卡微信群，要求家长每天向老师反馈学生的练习态度、完成家庭体育作业的时段和用时以及完成家庭作业的难度，还要求家长分享练习速度跳绳突破瓶颈的方法，并每天都会公布学生家庭体育作业的完成情况，对于没能完成家庭作业的学生，教师会联系其家长了解原因，帮助学生找出对策，因此，学生的家庭体育作业完成情况提升了。

2. 使用智能跳绳的学生一分钟跳绳成绩得到提高

教学活动前一分钟速度跳绳成绩均值为 140.09 个，活动后跳绳成绩的均值为 205.09 个，通过配对样本 t 检验结果发现，教学活动前后学生的跳绳成绩具有显著差异，因此使用智能跳绳设备布置跳绳家庭体育作业可以显著提高学生一分钟速度跳绳成绩。通过检测进步个数与实验前跳绳成绩的相关性，发现进步个数与教学活动前跳绳成绩呈负相关，说明基础越弱的学生提高的幅度越大。

3. 学生养成了每天跳绳 2000 个的习惯

智能跳绳家庭作业平台可以高效、实时地对学生的练习情况进行收集和反馈，显著地提高了学生家庭作业的完成情况，而且练习天数与完成每天 2000 个跳绳的天数有较强相关性，学生养成了每天 2000 个跳绳的习惯。

4. 四年级学生跳绳习惯形成的三个阶段

第一阶段：第 1～7 天，这个阶段教师要经常提醒学生注意坚持，并要求学生学习《点点星光》的主角挑战自我、吃苦耐劳的精神。如果没有了教师和家长的鼓励和监督，部分学生就会轻言放弃。在这个阶段学生会感到很不自然、很不舒服，然而这种不自然、不舒服的感觉是正常的。

能力强的学生完成 2000 个的跳绳任务显得比较轻松，一般用时在 20 分钟以内。能力一般的学生需要在一天当中分两段时间完成 2000 个跳绳，用时在 30 分钟左右。少部分能力弱的学生在刚开始的时候完成不了 2000 个跳绳。例如，陈同学第一天跳了 500 个，第二天进步到 800 个，第三天完成了 1000 个，第 4 天才能完成 2000 个跳绳训练任务。

第二阶段：第 7～21 天，通过教师和家长一周的共同努力，大部分学生已经可以比较自然、比较舒服地完成当天的家庭作业，但此时有的学生白天跟爸爸妈妈外出或者已经进行了其他项目的体育锻炼，感到比较劳累，就不愿意完成 2000 个跳绳家庭作业。在这个时候，教师要特意提醒学生严格要求自己，做一名自律的好孩子。例如，张同学每天要外出参加各种补习班和兴趣小组，回到家时已经晚上 9 点，出现了畏难情绪，但在教师的安抚和鼓励下继续坚持锻炼。

第三阶段：第 21～40 天，这一阶段是习惯的稳定期，跳绳锻炼新习惯成为大多数学生生活的一部分。在这个阶段，学生已经不必刻意要求自己，无须为完成跳绳作业进行心理斗争，教师和父母监督和陪伴的作用进一步弱化。肖同学表示：有时候会选择不间断地跳绳 2000 个来挑战自我，大概用时 15 分钟，而且不会感觉特别累。他平时主要根据教师的体育作业要求进行锻炼，先进行 600 个自由跳热身，剩下的 1400 个用一分钟计时跳绳的方式完成。

八、教学活动建议

  智能跳绳设备可以让教师从收集和统计家庭作业的工作中解放出来，这样任课教师可以将精力集中在关注学生的作业完成情况、进步情况、跳绳技术能力提升等方面。学校每月对各班家庭体育作业完成情况进行评优，与三好学生的评选挂钩。这样有利于营造良好的锻炼氛围，帮助学生养成每天跳绳 2000 个的习惯。

  学校可以建议家长和学生一起完成跳绳家庭作业，这样家长不但是家庭体育作业的组织者，也是参与者和学生的榜样，对提高家庭体育作业的完成情况和改善亲子关系起到很好的作用。例如，家长跳 100 个，学生跳 1000 个。

  学校举办线上亲子跳绳比赛。家长跳一分钟接着学生跳一分钟或者是家长单独比赛、学生单独比赛，最后以家长和学生的跳绳总个数来确定名次。学校还可以举办更多形式的线上跳绳比赛，让学生有充分的展示机会，让他们感到练有所得，也给家长参与的机会，让家长从陪伴孩子参加比赛中有所得。这样达到以赛促练的目的，进一步提高学生的练习热情和家庭体育作业的完成情况。

第二节 跳绳在国家学生体质健康测试中的重要作用分析

本节将通过决策树 CART 算法，寻找各指标对成绩等级的影响程度及最优测试指标。本研究对华南师范大学附属小学不同水平（水平一为一年级、二年级，水平二为三年级、四年级，水平三为五年级、六年级）的小学生体测数据进行整理，各水平分为男生组和女生组，利用 Python 编程语言建立决策树 CART 算法模型，通过一系列的训练、预测、剪枝等，输出可视化决策树图。研究结果表明，跳绳对各水平小学生的成绩等级影响重大，而 50 米跑对水平一男生的成绩等级和坐位体前屈对水平一女生的成绩等级有着次要的影响；50 米跑对水平二男生的成绩等级和 50 米跑、一分钟仰卧起坐对水平二女生的成绩等级有着次要影响；坐位体前屈、一分钟仰卧起坐对水平三男生的成绩等级和 50 米 ×8 对水平三女生的成绩等级有着次要的影响。结论：研究表明跳绳对各水平小学生的成绩等级影响最大，而肺活量、BMI 指数对成绩等级影响较小。

一、学生体质健康测试背景

随着我国加强中小学生体质健康的管理工作，学生的体质健康状况总体呈现逐步提升的趋势，各学段学生超重和肥胖比例、视力不良率比例呈逐年下降趋势。为提高中小学生的体质健康水平，我国教育部印发了《关于进一步加强中小学生体质健康管理工作的通知》《儿童青少年近视防控光明行动工作方案（2021—2025年）》《〈体育与健康〉教学改革指导纲要（试行）》《关于全面加强和改进新时代学校卫生与健康教育工作的意见》等一系列文件，并将全面提升学生体质健康素养纳入高质量教育体系，学生的体质健康问题也早已上升为国家层面。习近平总书记强调："少年强、青年强则中国强。"学生的身体素质关乎个人成长、家庭幸福和民族未来，有着强健的体魄才能为中华民族伟大复兴做出应有贡献。学校体育教育作为教育事业现代化发展的关键内容，对学生体质健康有着重大的影响，是培养"少年强，体育强，中国强"时代新人的有力途径。学校是体育工作的重要场所，也是学生体质健康促进的主要渠道。

近年来，我国很多学者在有关学生体质测试数据方面进行了一般性分析，但未能深入地挖掘各个项目影响学生体质测试的关键因素。数据分类是数据挖掘中的一种分析方法，而决策树分类算法包括 ID3、C4.5、CART 等。决策树 CART 模型采用与传统统计学完全不同的方式构建预测准则，以二叉树的形式给出，易于理解、使用和解释。通过使用决策树 CART 生成易于理解的规则、图形，显示各个指标对成绩等级的影响层次。因此，本节研究采用决策树 CART 算法，对小学不同水平学生的健康体质测试数据进行分析，并选取最优特征，生成各个体测指标的影响层次，为体质健康测试数据分析提供更多维度的支持。

二、本次活动的研究对象

本次活动以不同水平小学生的国家体质健康数据为研究对象。测试对象为小学学生，分为三个水平，即水平一（一年级、二年级）、水平二（三年级、四年级）、水平三（五年级、六年级），各水平内分男生组、女生组。

三、本次活动的研究方法

1. 体质测试数据收集

体质测试数据采集按照《国家学生体质健康标准》中的规定，对华南师范大学附属小学全体学生进行2021学年体质测试，数据由学校体育科组统一导出，共测试小学生人数为1223人，有效数据人数为1210人，测试指标以 M±SD 表示（见表5-6），测试数据及其说明详见表5-7。

表 5-6 各水平数据集基本信息（M±SD）

水平	性别	人数	BMI/(kg/m^2)	肺活量/ml	50米跑/s	坐位体前屈/cm
水平一（一、二年级）	男	232	16.9±2.6	1180.1±321.7	11.1±1.1	6.9±5.1
	女	207	16.0±2.1	1124.0±285.6	11.4±1.1	10.5±5.1
水平二（三、四年级）	男	205	18.1±3.5	1671.0±567.0	10.1±1.1	7.6±5.9
	女	182	16.6±2.4	1526.6±466.6	10.3±0.9	11.4±5.3
水平三（五、六年级）	男	199	18.9±3.4	1898.8±435.5	9.5±1.1	8.0±5.8
	女	185	18.4±3.6	1888.1±456.6	9.7±0.8	13.1±5.3
水平	性别	人数	一分钟跳绳/次	一分钟仰卧起坐/次	50米×8/s	总分
水平一（一、二年级）	男	232	114.4±32.7			83.5±13.6
	女	207	119.0±34.8			86.6±12.3
水平二（三、四年级）	男	205	140.3±32.6	33.2±9.2	115.3±12.2	86.9±14.0
	女	182	140.7±30.9	35.1±8.8	117.0±11.8	86.6±11.7
水平三（五、六年级）	男	199	153.7±31.1	33.6±9.1		83.3±11.7
	女	185	149.8±28.0	32.5±6.7		81.5±8.4

表 5-7 测试指标及其说明

测试指标	单位	说明
BMI	kg/m²	反映身体体重指数
肺活量	ml	反映学生肺功能状况
50 米跑	s	反映学生速度素质水平
坐位体前屈	cm	反映学生柔韧素质水平
一分钟跳绳	次	反映学生心肺功能状况，附加分测试指标
一分钟仰卧起坐	次	反映学生腰腹力量水平
50 米 ×8	s	反映学生耐力水平
总分	无	反映成绩等级，＜ 60 为不及格、60~79 为及格、80~89 为良好、90~120 为优秀

2. 决策树 CART 算法建立

本研究采用 Python 编程语言，实现决策树 CART 算法，使用 Pandas、Numpy、Sklearn 等库分别进行数据清洗、数据集分割、计算和可视化输出以及模型构建。

决策树是一种基于树状结构的机器学习算法，用于解决分类和回归问题。其原理是通过逐步将数据划分为不同的子集，从而构建一个树形的决策流程，以便对新样本进行预测。决策树从根节点开始，选择一个特征和相应的分割点，将数据集划分成不同的子集。然后，递归地在每个子集上重复这个过程，直到满足停止条件，例如达到一定深度、节点中的样本数不足等。对于新样本，从根节点开始，沿着树的分支根据特征值进行判断，直到到达一个叶节点，该叶节点的决策结果即为预测结果。

在本次活动中，决策树模型构建流程说明如下。

步骤 1：数据预处理，使用 Pandas 对不同水平数据集（水平一为一年级、二年级，水平二为三年级、四年级，水平三为五年级、六年级）进行分组，分为男生组、女生组，将各水平两组数据分别使用 split_data 函数进行比例切分，按 8∶2 比例切分为训练、测试数据集。

为了防止模型的过度拟合，我采用了多种方式来进行预防。首先，采用过采样的方式来均衡数据；其次，引入权重概念，使得少数类别的样本在训练中得到更大的权重；最后，在决策树的模型使用上，减少参数过度使用，限制树的最大深度，限制叶节点上的最小样本数，限制分裂的最小样本数，限制特征的最大数量，同时也采用调参的方式，从而获得最优模型参数，从而减少模型的过度拟合。针对性能指标，本研究中主要采用比对其准确率、精确率、召回率及 F1 分数。

步骤 2：按照 CART 算法建立流程对小学生体质测试数据训练集进行特征选择。

步骤 3：对训练数据集进行训练。

步骤 4：通过对形成的决策树集合进行交叉验证，进行评估、调参、剪枝。

步骤 5：对测试数据集合进行预测，得到预测结果。

步骤 6：将训练、预测结果分别放入列表，使用 Sklearn 库的 export_graphviz 方法进行可视化输出。

四、水平一学生体质健康测试结果与分析

1. 男生组数据情况

数据描述性统计如表 5-8 所示，可以发现整体各平均值，BMI 约为 16.90 kg/m^2，肺活量约为 1180.12 ml，50 米跑约为 11.16 s，坐位体前屈约为 6.88 cm，跳绳约为 114 次。

表 5-8 水平一男生组数据描述性统计

	BMI/(kg/m^2)	肺活量/ml	50 米跑/s	坐位体前屈/cm	跳绳/次
cout	232.000 000	232.000 000	232.000 000	232.000 000	232.000 000
mean	16.907 373	1 180.125 000	11.165 216	6.887 069	114.422 414
std	2.572 679	321.774 728	1.092 329	5.118 772	32.698 452
min	12.903 018	520.000 000	8.900 000	−14.000 000	48.000 000
25%	15.171 899	979.000 000	10.320 000	4.000 000	96.000 000
50%	16.245 777	1 138.000 000	11.020 000	7.000 000	104.500 000
75%	17.879 143	1 372.250 000	11.762 500	10.250 000	130.000 000
max	27.748 873	2 232.000 000	14.740 000	18.500 000	197.000 000

本文中采用的 CART 模型，关键性指标如表 5-9 所示，整体准确率为 0.94，这是模型在全部样本上的分类准确率。它的平均的精确率为 0.95，召回率为 0.90，F1 分数（f1-score）为 0.92。可以发现数据拟合效果较好，并没有出现过度拟合的情况。因此，该组数据采取 CART 模型效果较好。

表 5-9 水平一男生组数据使用 CART 模型的评价

	precision	recall	f1-score	support
不合格	1.00	0.75	0.86	4
合格	0.88	0.94	0.91	16
良好	0.92	0.92	0.92	13
优秀	1.00	1.00	1.00	14
accuracy			0.94	47
macro avg	0.95	0.90	0.92	47
weighted avg	0.94	0.94	0.94	47

如图 5-2 所示，跳绳位于根节点，说明跳绳对水平一男生组的成绩等

级影响程度最大。从根节点的左边看，可知当跳绳≤120.5次、50米跑≤10.6 s时，学生的成绩等级能达到合格以上的期望值增大；在50米跑>10.6 s、坐位体前屈≤-1.25 cm、跳绳≤99.5次时，会出现不及格的期望值增大。从根节点的右边看，可知当跳绳>132.0次时，除了50米跑成绩>13.08 s的学生，最后的学生等级程度达到良好以上的期望值增大。

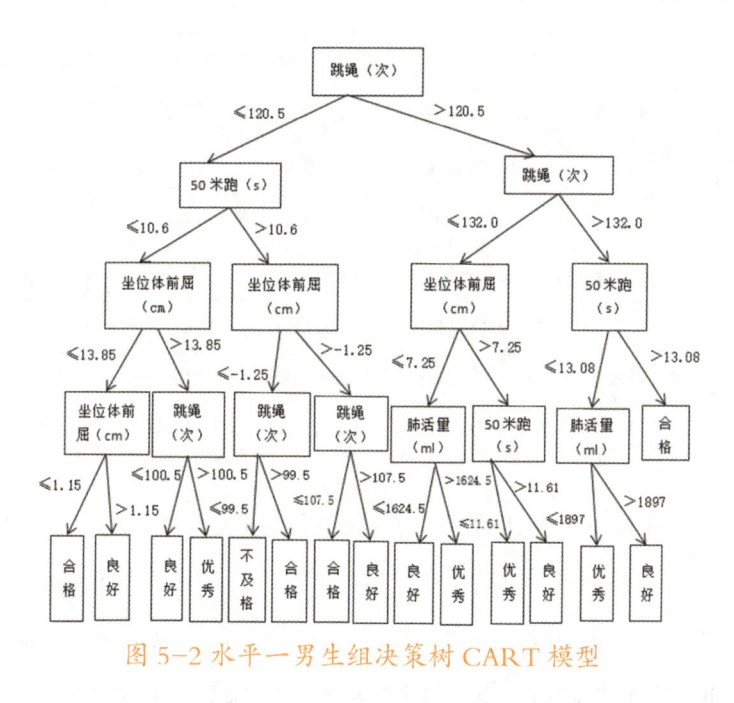

图5-2 水平一男生组决策树CART模型

在整个决策树模型中，前两层节点包括跳绳、50米跑，分别反映心肺功能、速度素质水平，这表明在水平一男生组中心肺功能、速度素质是影响成绩等级的重要因素，而BMI指数没有出现在图中，说明其影响程度较小。

2. 女生组数据情况

数据描述性统计如表5-10所示，可以发现整体各平均值，BMI约为

15.99 kg/m², 肺活量约为 1124.01 ml, 50 米跑约为 11.42 s, 坐位体前屈约为 10.51 cm, 跳绳约为 119 次。

表 5-10 水平一女生组数据描述性统计

	BMI/(kg/m²)	肺活量/ml	50 米跑/s	坐位体前屈/cm	跳绳/次
cout	207.000 000	207.000 000	207.000 000	207.000 000	207.000 000
mean	15.996 302	1 124.014 493	11.426 812	10.515 942	119.062 802
std	2.108 617	285.618 754	1.094 820	5.150 256	34.796 230
min	11.401 256	574.000 000	9.210 000	-6.000 000	27.000 000
25%	14.581 673	929.000 000	10.620 000	7.000 000	97.500 000
50%	15.572 657	1 109.000 000	11.360 000	11.000 000	115.000 000
75%	16.668 885	1 281.500 000	12.065 000	14.150 000	140.000 000
max	27.472 472	2 191.000 000	15.570 000	21.000 000	189.000 000

本文中采用的 CART 模型，关键性指标如表 5-11 所示，整体准确率为 0.79，这是模型在全部样本上的分类准确率。它的平均精确率为 0.83，召回率为 0.77，F1 分数为 0.79。可以发现数据拟合效果较好，并没有出现过度拟合的情况。所以该组数据采取 CART 模型效果较好。

表 5-11 水平一女生组数据使用 CART 模型的评价

	precision	recall	f1-score	support
优秀	1.00	0.70	0.82	10
合格	0.75	0.75	0.75	12
良好	0.74	0.85	0.79	20
accuracy			0.79	42
macro avg	0.83	0.77	0.79	42

续表

	precision	recall	f1-score	support
weighted avg	0.80	0.79	0.79	42

如图 5-3 所示，跳绳位于根节点，说明跳绳对水平一女生组的成绩等级影响程度最大。从根节点的左边看，可知当跳绳 ≤ 135.0 次时，学生等级程度到达合格或良好的期望值增大。从根节点的右边看，可知当跳绳 > 135.0 次时，学生等级程度达到合格或优秀的期望值增大。在前两层节点中包含了跳绳、坐位体前屈，说明在本研究中，跳绳和坐位体前屈对水平一女生的等级程度影响较大，跳绳占主要的地位。

在整个决策树模型中，前两层节点中的跳绳、坐位体前屈分别反映心肺功能、柔韧素质水平，这表明在水平一女生组中心肺功能、柔韧素质是影响成绩等级的重要因素，而肺活量、BMI 指数、50 米跑并没有出现在模型中，说明这些项目影响程度较小。

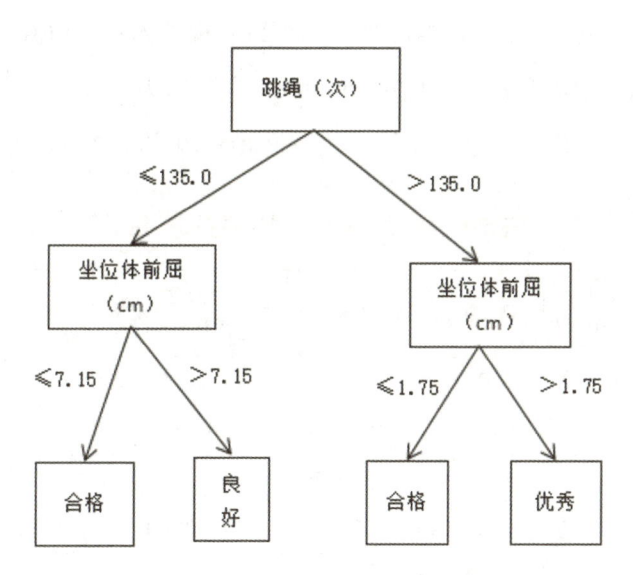

图 5-3 水平一女生组决策树 CART 模型

综上所述，本研究说明跳绳对水平一的学生成绩等级有着重要的影响。男生组的次要因素为 50 米跑、女生组的次要因素为坐位体前屈，表明了除心肺功能外，速度素质对男生成绩等级的影响最大，柔韧素质对女生成绩等级的影响最大。如图 5-2、图 5-3 所示，男生组的坐位体前屈位于第三节点层，而在女生组位于第二层，且女生组除了跳绳、坐位体前屈外再无其他测试指标显示在模型中，说明了柔韧素质在水平一女生中的重要性。在体育教学中，前期可先提高水平一学生的心肺功能，再根据学生的练习状况，提升男生的速度素质和女生的柔韧素质。

五、水平二学生体质健康测试结果与分析

1. 男生组数据情况

数据描述性统计如表 5-12 所示，可以发现整体各平均值，BMI 约为 18.05 kg/m^2，肺活量约为 1670.96 ml，50 米跑约为 10.13 s，坐位体前屈约为 7.60 cm，跳绳约为 140 次，一分钟仰卧起坐约为 33 次。

表 5-12 水平二男生组数据描述性统计

	BMI/(kg/m^2)	肺活量/ml	50 米跑/s	坐位体前屈/cm	跳绳/次	一分钟仰卧起坐/次
cout	205.000 000	205.000 000	205.000 000	205.000 000	205.000 000	205.000 000
mean	18.056 749	1 670.960 976	10.138 390	7.602 854	140.336 585	33.165 854
std	3.455 631	568.950 486	1.129 586	5.928 071	32.626 960	9.166 318
min	12.474 597	560.000 000	7.590 000	−13.000 000	74.000 000	12.000 000
25%	15.639 458	1 225.000 000	9.440 000	3.500 000	115.000 000	27.000 000
50%	17.174 523	159.000 000	9.960 000	7.000 000	140.000 000	34.000 000

续表

	BMI/(kg/m²)	肺活量/ml	50米跑/s	坐位体前屈/cm	跳绳/次	一分钟仰卧起坐/次
75%	19.561 187	2 071.000 000	10.680 000	11.400 000	165.000 000	39.000 000
max	36.672 083	3 102.00 000	14.000 000	20.200 000	213.000 000	55.000 000

本文中采用的 CART 模型，关键性指标如表 5-13 所示，整体准确率为 0.93，这是模型在全部样本上的分类准确率。它的平均精确率为 0.70，召回率为 0.71，F1 分数为 0.70。可以发现数据拟合效果较好，并没有出现过度拟合的情况。所以该组数据采取 CART 模型效果较好。

表 5-13 水平二男生组数据使用 CART 模型的评价

	precision	recall	f1-score	support
不合格	0.00	0.00	0.00	1
优秀	0.94	1.00	0.97	17
合格	0.85	0.92	0.88	12
良好	1.00	0.91	0.95	11
accuracy			0.93	41
macro avg	0.70	0.71	0.70	41
weighted avg	0.91	0.93	0.92	41

如图 5-4 所示，跳绳位于根节点，说明跳绳对水平二男生组的成绩等级影响程度最大。从根节点的左边看，可知当跳绳≤141.5 次、50 米跑≤于 8.7 s 时，学生的成绩等级能达到优秀的期望值增大，这也说明了并不是所有水平二的男生组跳绳次数越高成绩等级就越好，成绩等级还受 50 米跑成绩的影响。从根节点的右边看，可知当跳绳＞141.5 次、50 米跑≤11.1 s 时，成绩等级可达到良好以上的期望值增大。

在整个决策树模型中，前两层节点包含了跳绳和 50 米跑，分别反映心肺功能、速度素质水平，这表明在水平二男生组中心肺功能、速度素质是影响成绩等级的重要因素。另外，模型没有出现肺活量项目，说明此项目影响程度较小。

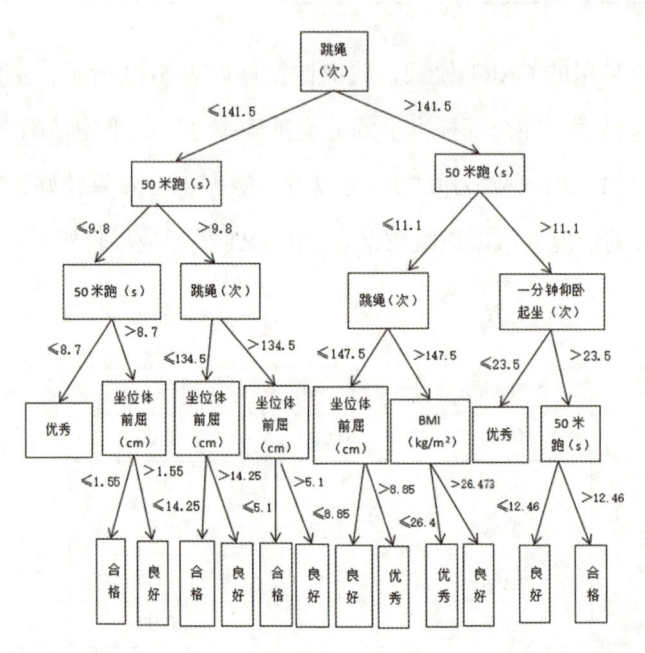

图 5-4 水平二男生组决策树 CART 模型

2. 女生组数据情况

数据描述性统计如表 5-14 所示，可以发现整体各平均值，BMI 约为 16.67 kg/m^2，肺活量约为 1526.64 ml，50 米跑约为 10.35 s，坐位体前屈约为 11.4 cm，跳绳约为 140 次，一分钟仰卧起坐约为 35 次。

表 5-14 水平二女生组数据描述性统计

	BMI/(kg/m²)	肺活量/ml	50 米跑/s	坐位体前屈/cm	跳绳/次	一分钟仰卧起坐/次
cout	182.000 000	182.000 000	182.000 000	182.000 000	182.000 000	182.000 000
mean	16.670 241	1526.642 857	10.359 286	11.400 714	140.697 802	35.142 857
std	2.410 392	466.684 164	0.949 598	5.337 737	30.890 680	8.836 228
min	13.200 184	522.000 000	8.380 000	−7.000 000	72.000 000	13.000 000
25%	14.951 230	1 119.250 000	9.715 000	8.050 000	119.000 000	30.000 000
50%	15.991 247	1 514.500 000	10.230 000	11.350 000	139.000 000	36.000 000
75%	17.805 846	1 828.000 000	10.987 500	15.300 000	160.000 000	42.000 000
max	25.382 838	3 038.000 000	13.540 000	22.000 000	201.000 000	57.000 000

本文中采用的 CART 模型，关键性指标如表 5-15 所示，整体准确率为 0.89，这是模型在全部样本上的分类准确率。它的平均精确率为 0.90，召回率为 0.87，F1 分数为 0.88。可以发现数据拟合效果较好，并没有出现过度拟合的情况。所以该组数据采取 CART 模型效果较好。

表 5-15 水平二女生组数据使用 CART 模型的评价

	precision	recall	f1-score	support
优秀	1.00	0.92	0.96	12
合格	0.86	0.75	0.80	8
良好	0.84	0.94	0.89	17
accuracy			0.89	37
macro avg	0.90	0.87	0.88	37
weighted avg	0.90	0.89	0.89	37

如图 5-5 所示，跳绳位于根节点，说明跳绳对水平二女生组的成绩等级影响程度最大。从根节点的左边看，可知当跳绳≤159 次时，学生的成

绩等级能达到合格以上的期望值增大，而当坐位体前屈 > 17 cm 时，能达到优秀的期望值增大。从根节点的右边看，可知当跳绳 > 159 次时，学生成绩等级能达到良好以上的期望值增大。

在整个决策树模型中，前两层节点包括跳绳、50 米跑和一分钟仰卧起坐，分别反映心肺功能、速度素质、腰腹力量水平，这表明在水平二女生组中心肺功能、速度素质、腰腹力量水平是影响成绩等级的重要因素，而 BMI 指数未出现在模型中，说明其影响程度较小。

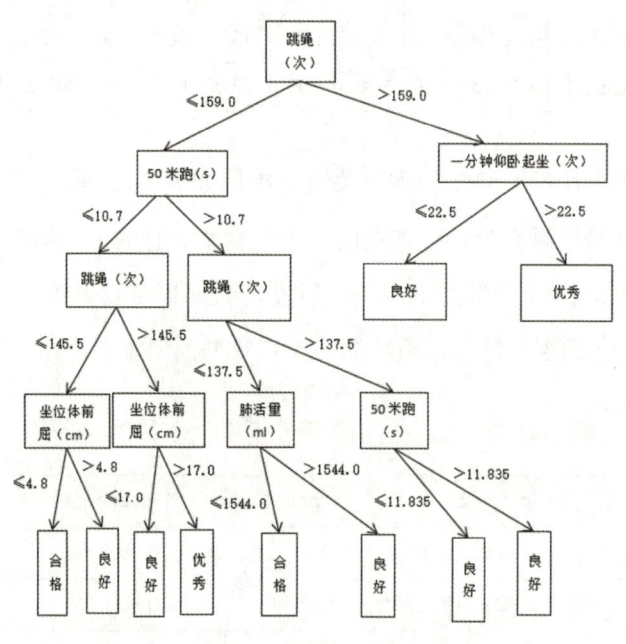

图 5-5 水平二女生组决策树 CART 模型

综上所述，本研究说明跳绳对水平二的学生成绩等级有着重要的影响。男生组的次要因素为 50 米跑，女生组的次要因素为 50 米跑、一分钟仰卧起坐。这表明了除心肺功能外，速度素质对男生成绩等级的影响最大，腰腹力量、速度素质对女生成绩等级的影响最大。在体育教学中，前期可先提高水平二学生的心肺功能以及速度素质，而女生还需要加强腰腹力量的练习，再根据学生的练习状况，来提升其他的基本素质。除此之外，速度素质对水平二男生、女生有着次要的影响，而学生正处于速度素质发展的敏感期，可见速度素质练习在体育课堂的重要性。

六、水平三学生体质健康测试结果与分析

1. 男生组数据情况

数据描述性统计如表 5-16 所示，可以发现整体各平均值，BMI 约为 18.97 kg/m^2，肺活量约为 1898.84 ml，50 米跑约为 9.52 s，坐位体前屈约为 7.95 cm，跳绳约为 153 次，一分钟仰卧起坐约为 33 次，50 米 ×8 约为 115.35 s。

表 5-16 水平三男生组数据描述性统计

	BMI/(kg/m^2)	肺活量/ml	50 米跑/s	坐位体前屈/cm	跳绳/次	一分钟仰卧起坐/次	50 米 ×8/s
cout	199.000 000	199.000 000	199.000 000	199.000 000	199.000 000	199.000 000	199.000 000
mean	18.974 493	1 898.849 246	9.521 608	7.9521 608	153.763 819	33.613 065	115.351 759
std	3.391 794	435.535 323	1.128 582	5.840 193	31.113 177	9.063 526	12.293 420
min	13.778 528	823.000 000	7.460 000	−10.000 000	68.000 000	15.000 000	88.000 000
25%	16.400 905	1 563.000 000	8.850 000	4.050 000	130.500 000 0	27.000 000	107.000 000
50%	18.051 067	1 839.000 000	9.470 000	8.500 000	163.000 000	34.000 000	114.000 000
75%	20.505 892	2 175.500 000	10.160 000	12.000 000	178.000 000	40.000 000	122.000 000
max	29.486 875	2 954.000 000	19.100 000	22.200 000	218.000 000	56.000 000	160.000 000

本文中采用的 CART 模型，关键性指标如表 5-17 所示，整体准确率为 0.97，这是模型在全部样本上的分类准确率。它的精确率为 0.97，召回

率为 0.99，F1 分数为 0.98。可以发现数据拟合效果较好，并没有出现过度拟合的情况。所以该组数据采取 CART 模型效果较好。

表 5-17 水平三男生组数据使用 CART 模型的评价

	precision	recall	f1-score	support
不及格	1.00	1.00	1.00	1
优秀	1.00	1.00	1.00	12
合格	1.00	0.94	0.97	18
良好	0.90	1.00	0.95	9
accuracy			0.97	40
macro avg	0.97	0.99	0.98	40
weighted avg	0.98	0.97	0.98	40

从图 5-6 可以看出跳绳位于根节点，说明跳绳对水平三男生组的成绩等级影响程度最大。从根节点的左边看，可知当跳绳 ≤ 75.5 次时，学生的成绩等级为不及格的期望值增大，而当跳绳 > 75.5 次、坐位体前屈 ≤ 14.75 cm、肺活量 ≤ 1 216.5 ml 时，也出现了成绩等级为不及格的期望值增大。从根节点的右边看，可知当跳绳 > 148.5 次时，学生成绩等级能达到合格以上的期望值增大，而当跳绳 > 174.0 次时，学生成绩等级能达到良好以上的期望值增大。

在整个决策树模型中，前三层节点包括跳绳、坐位体前屈、一分钟仰卧起坐，分别反映心肺功能、柔韧素质、腰腹力量水平，这表明在水平三男生组中心肺功能、柔韧素质、腰腹力量水平是影响成绩等级的重要因素，而 BMI 指数未出现在模型中，说明其影响程度较小。

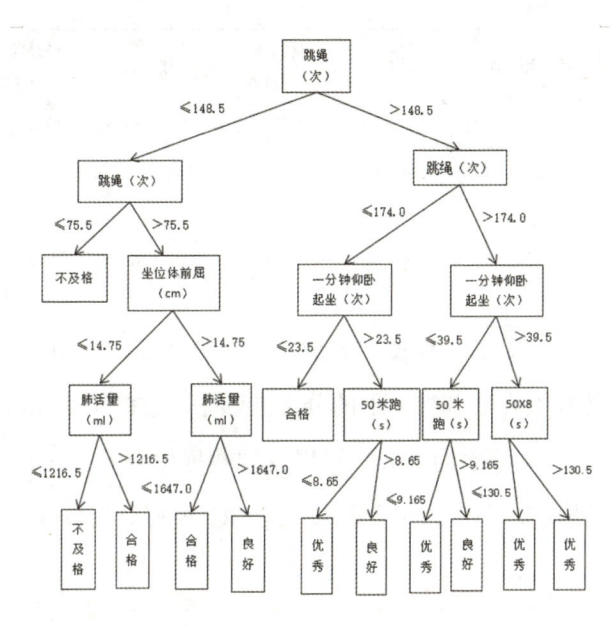

图 5-6 水平三男生组决策树 CART 模型

2. 女生组数据情况

数据描述性统计如表 5-18 所示，可以发现整体各平均值，BMI 约为 18.45 kg/m², 肺活量约为 1888.12 ml，50 米跑约为 9.73 s，坐位体前屈约为 13.07 cm，跳绳约为 149 次，一分钟仰卧起坐约为 32 次，50 米 ×8 约为 117.09 s。

表 5-18 水平三女生组数据描述性统计

	BMI/(kg/m²)	肺活量/ml	50 米跑/s	坐位体前屈/cm	跳绳/次	一分钟仰卧起坐/次	50 米 ×8/s
cout	185.000 000	185.000 000	185.000 000	185.000 000	185.000 000	185.000 000	185.000 000
mean	18.459 092	1 888.124 324	9.733 784	13.078 919	149.891 892	32.562 162	117.097 297
std	3.577 500	456.662 135	0.822 948	5.319 656	28.040 909	6.694 228	11.809 228
min	12.638 124	937.000 000	7.570 000	−6.300 000 0	79.000 000	15.000 000	95.000 000

续表

	BMI/(kg/m²)	肺活量/ml	50米跑/s	坐位体前屈/cm	跳绳/次	一分钟仰卧起坐/次	50米×8/s
25%	15.855 489	1 553.000 000	9.170 000	10.000 000	128.000 000	28.000 000	109.000 000
50%	17.353 800	1 869.000 000	9.700 000	13.200 000 0	154.000 000	33.000 000	117.000 000
75%	20.089 621	2 177.000 000	10.300 000	17.000 000	175.000 000	36.000 000	124.000 000
max	31.055 889	3 135.000 000	12.030 000	25.000 000	202.000 000	50.000 000	171.000 000

本文中采用的 CART 模型，关键性指标如表 5-19 所示，整体准确率为 0.95，这是模型在全部样本上的分类准确率。它的平均精确率为 0.96，召回率为 0.91，F1 分数为 0.93。可以发现数据拟合效果较好，并没有出现过度拟合的情况。所以该组数据采取 CART 模型效果较好。

表 5-19 水平三女生组数据使用 CART 模型的评价

	precision	recall	f1-score	support
优秀	1.00	0.80	0.89	5
合格	0.95	1.00	0.97	18
良好	0.93	0.93	0.93	14
accuracy			0.95	37
macro avg	0.96	0.91	0.93	37
weighted avg	0.95	0.95	0.94	37

从图 5-7 可以看出跳绳位于根节点，说明跳绳对水平三女生组的成绩等级影响程度最大。从根节点的左边看，可知当跳绳 ≤ 159 次时，学生的成绩等级能达到合格或良好的期望值增大。从根节点的右边看，可知当跳绳 > 176.5 次时，学生成绩等级能达到良好以上的期望值增大，而跳绳 ≤ 176.5 次时，能达到合格或良好的期望值增大。

在整个决策树模型中，前两层节点包括跳绳和 50 米 ×8，分别反映心肺功能、耐力水平，这表明在水平三女生组中心肺功能、耐力水平是影响成绩等级的重要因素，而 BMI 指数未出现在模型中，说明其影响程度较小。

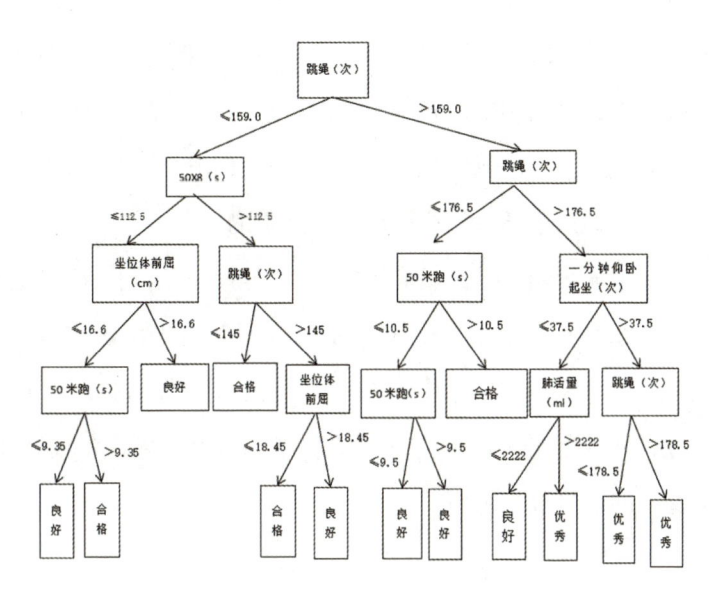

图 5-7 水平三女生组决策树 CART 模型

综上所述，本研究说明跳绳对水平三的学生成绩等级有着重要的影响。男生组的次要因素为坐位体前屈、一分钟仰卧起坐，女生组的次要因素为 50 米×8。这表明了除心肺功能外，柔韧素质、腰腹力量对男生成绩等级的影响最大，耐力素质对女生成绩等级的影响最大。在体育教学中，前期可先提高水平三学生的心肺功能，对男生加强柔韧素质、腰腹力量的练习，对女生加强耐力素质的练习，再根据学生的练习状况，来提升其他的基本素质。

七、学生体质健康测试研究的结论与建议

1. 数理分析结论

本研究利用 CART 决策树算法对小学生体质测试数据进行了建模研究，对不同水平的等级进行了自变量因素对成绩的影响程度判断。从可视化决策树模型中，可以判断出各个指标的影响程度。在各个水平中，跳绳是影响学生成绩等级的重要因素，而肺活量、BMI 指数对成绩等级影响较小，由此可见加强小学生的跳绳练习是必要的。

在各水平中，影响学生成绩等级的次要因素有所不同。在男生的次要影响因素中，水平一、水平二是 50 米跑，水平三是坐位体前屈和一分钟仰卧起坐；在女生的次要影响因素中，水平一是坐位体前屈，水平二是 50 米跑和一分钟仰卧起坐，水平三是 50 米 ×8，这也意味着在教学过程中，需根据男女生的差异进行练习。

2. 意见和建议

跳绳是一项有氧的运动，也是小学各水平学生体质测试必测的项目，并为附加分项目。本研究也表明跳绳对学生的成绩等级影响最大，占据主要的地位。在体育教学过程中，除了教学内容外，可加入趣味的跳绳练习或比赛，如单摇、双摇、一带一单摇、花样跳绳等，激发小学生对跳绳的兴趣，同时提高小学生的体质健康水平。

通过数据挖掘，可发现各测试指标数据对成绩等级的影响程度及最优特征。在体育教学中，教师可以借助决策树挖掘学生体质测试数据，根据模型寻找各测试指标的内在联系来制订练习计划，达到所需的期望。

第 6 章

通过智能跳绳
促成五育并举

第一节　智能跳绳赋能小学生德智体协同发展

华南师范大学附属小学为解决体育教学实践中体育与智育、德育培养长期分离的问题，提炼出智能跳绳活动育人四原则，以智能跳绳项目为试点，采用课内外与校内外一体化的德智体系统过程融合方法，采用认识与熏陶、行动与渗透、反思与提升的系统过程育人方法以及"点线面"结合的培优补差的方法，通过"学、练、赛"的紧密融合，强化 AI 赋能的教学改革手段以及家校社多主体协同育人的手段，培养了几百名获省市跳绳比赛一等奖的学生、三好学生以及全国、省、市、区优秀少先队员，有效地实现了德智体协同发展的改革目标。

一、智能跳绳活动实践背景

在体育教学实践中，体育培养与智育、德育培养的长期分离问题，根源是教育工作者对体育育人的价值认识不够、教育评价体系不完善、教育资源不足以及社会对体育的认知偏差。长期以来，体育被视为一种娱乐活动，而不是一种教育方式。毛泽东在《体育之研究》中指出"体者，载知识之车而寓道德之舍也"，阐述了体育"强筋骨、增知识、调感情、强意志"的四大作用。2021 年 6 月教育部办公厅印发的《〈体育与健康〉教学改革指导纲要（试行）》中指出："全面把握体育的'育体、育智、育心'综合育人的价值，通过全员参与的体育竞赛活动，培养学生的集体荣誉感，塑造学生活泼开朗、与人为善、团结协助、遵守规则等良好品格，促进学生身心健康与人格健全。"

适逢"双减"政策落地，学生从繁重的学业负担中解脱，然而，新的难题也随之凸显——家庭、学校、社区如何协同安排好孩子的空余时间。从大教育的角度来看，只要有体育的地方，就应该有"以体育人"的体现，学校、家庭、社会开展体育活动不可忽略。育人工作做得好，体育教育发展满意度也会随之提高。过去的研究缺乏对某一运动项目在课内外、校内外育人价值的全面发掘，没有发挥多主体在全面育人中的作用。

未来的学校应该是以人工智能为代表的信息技术重塑的智能化学校，应该成为技术、人文、社会与自然之间相互融合、沟通、衔接和通会之地，成为安顿生命、温暖生命、提高生命价值的场所。《教育信息化"十三五"规划》指出：要依托信息技术营造信息化教学环境，促进教学理念、教学模式和教学内容改革，推进信息技术在日常教学中的深入、广泛应用。相对于传统的体育教学，智慧体育教学具有时空开放化、智能化、数据化以及"人机一体化"的内涵特征。

因此，在教学、训练、竞赛以及家庭体育作业等方面引入智能跳绳活动，充分挖掘智能跳绳活动，在发展学生德育、提高智育和体育等方面具有重要价值。

二、体育与德育、智育的关系

1. 体育与德育的关系

大量实验证明，情绪对人的健康和体质状况起着很重要的作用。某些异常激烈的情绪变化可以引起器官活动失调。通过运动，特别是结合各种不同运动项目的特点和要求，能较全面地实现对青少年的思想品德教育和个性培养。运动能够促使身体合成多巴胺和血清素，这些是可以引发快乐情绪的化学物质，能够帮助舒缓压力、改善抑郁。

2. 体育与智育的关系

第一，运动可以促进神经系统的发育发展；第二，体育运动能提高神经系统的灵活性；第三，运动能提高大脑工作效率。体育运动能够直接或间接地提升人的智力水平，智力的增长和发展需要良好体力的支撑，没有好的体力，智力发展就失去了根基和意义。体育锻炼能够增强体质、提升体力，等于为智力水平的提升创造了良好的条件和优越的环境。

三、智能跳绳活动实现德智体协同发展的原则

1. 教育目标的"德智体"融合

家庭、学校和社区形成健康第一的共识，每个人都是自己健康的第一责任人。"以体为本"的"体"是指身体，"以体育人"的"体"是指体育锻炼，是完善人格的一种手段，也是实现德智体协同发展的手段。我们在实践中创造性地开发了将体育锻炼的科学性、品德培育的道德性、智育提升的长期性，与体育锻炼的坚持性、道德养成的自觉性、智育达成的同一

性相统一的教育教学方法。

2. 行动主体的"家校社"融合

师资队伍建设与体育场地建设是学校体育教学的两大主要方面。学校可以与体校、社会体育俱乐部等合作，共同开展体育教学、训练、竞赛。"家校社"协同教育是一项系统教育工程，当三方力量合为一股，资源互助互补，才能形成共赢局面。

3. 锻炼时空的课内外相融合

体育课堂是学生进行德育、智育、体育教育的主要场所。体育课内外一体化本质是以体育课堂教学为主渠道，以体育课外活动为辅助手段，以一体化为抓手，有计划、有组织地向学生传授动作、技术、技能。

4. 教学手段的"知技智"融合

运动项目的知识、技术、技能借用智能化的方式实现教学目标。校园体育管理平台结合运动智能穿戴设备，实现对学生身心发展的全过程监控、评价和反馈。

四、智能跳绳活动促进德智体协同发展的方法

陈爱国博士提出"生理状态、动作技能、情景互动、心理状态"的"四位一体"运动干预促进儿童执行功能发展的多路径理论，将体育运动心理学、脑科学、教育学、学校体育学等有机融合。

如图 6-1 所示，华师附小利用各种智慧体育设备实现校内外协同育人

的路径。智能跳绳的出现打破了举办跳绳比赛的时空限制，实现了锻炼的可视化和数据化。在四个育人原则指导下形成了课内外与校内外一体化的德智体系统过程融合方法，认识与熏陶、行动与渗透、反思与提升的系统过程育人方法，"点线面"结合的培优补差的方法，解决了三育时间分配、内容安排和价值冲突的问题。

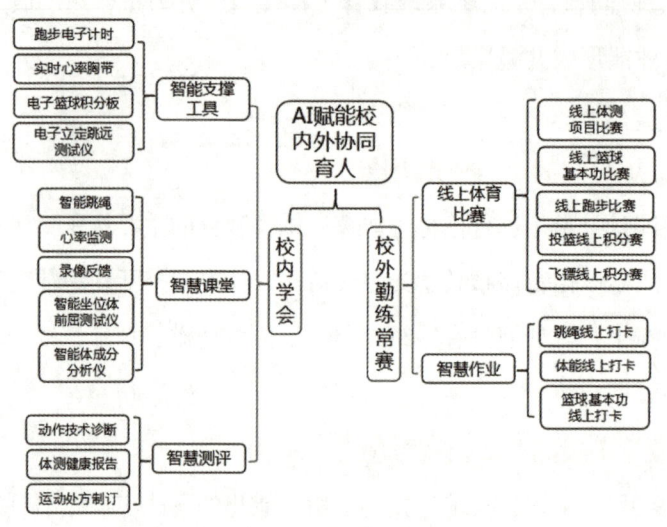

图 6-1 赋能教育教学全过程

五、开展智能跳绳活动发展学生的品德的方法

1. 智能跳绳打卡活动培养恒心

智能跳绳打卡活动使学生的进步和努力被看见，直观感知跳绳次数积少成多和跳绳速度从量变到质变的道理，使学生更有欲望挑战对手和突破自身的速度极限。

2. 智能跳绳作弊监控系统考验诚信

智能跳绳更有助于达成诚信教育。个别学生为了获胜，比赛时用手去转动绳柄，智能跳绳可以发现学生的作弊行为并推送给教师，有助于培养学生遵守运动规则、公平竞争等体育品德。

3. 智能跳绳百人校际挑战赛培养团队精神

广东广播电视台体育频道举行青少年百人跳绳校际赛，每所学校100名学生同时进行一分钟跳绳，根据总次数给学校排名次。如此多人参赛且按总次数排学校名次的比赛方法烘托出来的紧张气氛是培养学生团队精神的好方法，其他体育项目很难实现如此大规模的校际比赛。

4. 智能跳绳个人赛激发竞争意识

智能跳绳系统每天都会选出各班的竞数之星和竞速之星，直观地引导学生在跳绳速度上追求卓越，在跳绳数量上学会坚持，充分地调动了学生的竞争意识。学生在家就可以发起比赛，邀请好朋友参加，学生不断地在比赛过程中增强竞争意识。

5. 智能跳绳与传统文化相结合培养爱国情感

华师附小将跳绳活动与国学经典相结合，让学生跟着不同速度的《弟子规》音乐进行练习。让学生根据成语"左顾右盼"创编跳绳动作，选出最能表达成语意思的动作，使得跳绳这一项中国古老的运动与优秀的中华文化相结合，让爱国的情感渗透到每个学生心里。

六、开展智能跳绳活动发展学生的智力的方法

2004年，美国研究团队对学生健康做出评估，发现只要一周运动3~5次，每次30~45分钟，就能大幅提升孩子的记忆力、注意力和改善学习行为。其他相关研究也证实了体育活动对儿童学业成绩有积极影响。

1. 学习导向的跳绳队

在选拔跳绳队队员的过程中，华师附小优先选择获得"三好学生"和"十佳学生"称号的队员，营造人人爱学习的队风。对成绩下降的学生，教师协同家长对学生进行思想教育和停训，直到学生态度转变和成绩提高后才能复训。

2. 强调有氧锻炼的跳绳家庭体育作业

跳绳队队员早上七点到校，跑步、做运动，要运动到学生的心跳达到最高值或最大摄氧量的70%才开始上课。一学期后，这些学生的阅读、理解能力比常规上体育课的学生高了10%。鼓励学生用中等速度连贯完成跳绳体育作业，一、二年级学生布置500个跳绳，三、四年级学生布置1000个跳绳，五、六年级学生布置1500个跳绳。鼓励学生每天早上在家里完成家庭体育作业后再上学。智能跳绳让锻炼在时空上实现了课内外相融合，实现了校内体育作业校外做，提高了学练的效果。

3. 技术分析导向的线上跳绳比赛

华师附小每季度举行一次线上跳绳比赛，设置比速度的30秒跳绳比赛和比耐力的三分钟跳绳比赛。学生可以看到对手比赛的视频和成绩，在规定的时间内可有无数次比赛机会，学生在直观的跳绳比赛过程中和即时

的比赛结果的感染下激发起研究对手、实现反超的热情并付诸行动,在这个过程中学生的逻辑思维能力得到有效锻炼。

七、开展智能跳绳活动提高学生体质的方法

跳绳是对各年龄段孩子都比较友好的纵向弹跳运动,要长高,运动强度就要达标,如果换算成跳绳,则以跳 1000~1500 次为宜。

跳绳项目教学内容丰富,一、二年级的学生主要通过速度跳绳提高体质,三、四年级的学生通过速度跳绳和花式跳绳提高体质,五、六年级的学生通过速度跳绳、花式跳绳、集体跳绳三阶段紧密衔接,迭代强化跳绳技术,增强体质、培育品德。

八、智能跳绳活动促进学生德智体协同发展的案例

华师附小从 2014 年开始面向全校 1500 名学生开展以体育人的智能跳绳活动。通过 10 年的跳绳锻炼,华师附小的国家学生体质健康测试优良率从 61% 提高到 87%。学生通过体育锻炼收获了良好的精神面貌、追求卓越的精神、坚持到底的宝贵品质,进而助推学业质量提升。课内全面普及花式跳绳和速度跳绳,课外组建跳绳队,使学生的课内外锻炼实现了有机融合。校外通过布置跳绳家庭体育作业、举办线上跳绳比赛,巩固所学技能。智能跳绳促进了学校内外多方主体的合作,共同参与学生教育。

1. 培养学生的德育品质

在体育课上进行一分钟速度跳绳教学，播放跳绳世界冠军的比赛视频，点燃了学生参与体育运动的热情。智能跳绳系统播放全校一分钟跳绳纪录后，教师渲染挑战极限的气氛，让学生有挑战极限的勇气，然后再进行跳绳测试，惊喜出现了：如表6-1所示，姚同学以一分钟313次跳绳刷新了华师附小纪录。智能跳绳设备将参赛的学生的跳绳次数进行实时统计和全校排名，激励学生不断挑战。教师抓住此德育机会，邀请姚同学分享取得突破的感受和心得，让其重点分享在课外和校外的跳绳训练时间和内容，引导学生懂得"一分耕耘一分收获"的道理。

表 6-1 学生课堂一分钟单摇跳绳比赛成绩

单位：次

姓名	姚轶轩	卢乐熹	刘昕烨	刘平旭	李星澈	苏嘉恒	刘彦宏	黄婧宸
成绩	313	252	248	234	232	217	189	173
名次	1	2	3	4	5	6	7	8

2. 助力学生学习成绩提升

在体育课跳绳锻炼的时候，教师鼓励学生进行自跳自数，在智能跳绳设备设定100次跳绳。学生跳到一百次就停下来，不能跳多，也不能跳少。教师观察到有少数学生的跳绳数值刚好是100次，这非常考验学生的专注力，自跳自数与智能跳绳计数相结合也有利于培养学生的抽象思维能力。由于儿童在跳绳过程中不断地数数，其大脑皮层处于兴奋状态，有助于其将抽象记忆转化为形象记忆。

近五年来，华师附小智育获奖1000余项，被评为"全国教育系统先进集体"，其中有代表性的是贺泽诚同学在 2022 年获得宋庆龄奖学金。值得一提的是华师附小跳绳队的队员既是"体霸"，又是"学霸"，表 6-2 的数据能充分体现德智体协同发展取得的成果。

表 6-2 跳绳队队员的学业质量情况

	三科（语数英）成绩优秀占比 / %	校级三好学生占比 / %	校级十佳学生占比 / %
全校比例	93.68	30	15
跳绳队比例	100	78	50

3. 帮助提高学生身体素质

2021 年 9 月华师附小组建跳绳队，队员每天早上七点到校参加一小时跳绳训练，参训人数达到 150 人，占华师附小总人数的 15% 以上。

体育课上统一采用交换脚跳绳发展学生的下肢速度，练习时间由 10 秒过渡到 15 秒和 30 秒；为了发展学生的下肢爆发力，则采用双摇跳；通过双人轮换跳绳提高学生灵敏性；通过三分钟跳绳发展学生耐力。学生在练习过程中的时间、速度、失误率和失误次数都会被智能跳绳设备详细记录，学生可以根据跳绳智能平台反馈的信息不断地调整自己的训练方法。教师根据系统反馈的信息对学生作有针对性的指导。

华师附小鼓励学生在课间休息时间完成跳绳家庭作业，确保每天练习 1000~1500 次跳绳。智能跳绳能精准地记录学生在课外、课间、课上三个时间段的跳绳次数与时间。

家庭体育作业完成质量直接影响学生的体质状况，在校门口的大屏幕会公布各班级的家庭跳绳作业完成情况，表扬优秀的班级和同学。教师和家长会共同督促孩子完成作业。课后，华师附小向家长推送跳绳技术教学视频，在网络化和智能平台的支持下，通过家校的协同配合提高校内外跳绳技能学练的效果以及学生的体质水平。智能跳绳活动实施两年来，智能跳绳赋能小学生德智体协同发展成果显著。全校学生身体素质明显提高，跳绳水平达到了新高度，在 2022 年和 2023 年的省市跳绳比赛中均获佳绩。学生在 2023 年学生体质健康测试中及格率达到 100%，优秀率从 21% 提高到 45%，优良率从 71% 提高到 87%，如表 6-3 所示。全校一分钟跳绳平均成绩从 105 个提升到 156 个。这些成绩的取得是有效落实"双减"政策的有力证明。

表 6-3 华师附小学生体育活动表现

2022 年国家体质测试成绩	2023 年国家体质测试成绩	跳绳家庭体育作业完成率
优秀率 21%	优秀率 45%	2021 年 30%
优良率 71%	优良率 87%	2022 年 37%
及格率 97%	及格率 100%	2023 年 65%

九、开展智能跳绳活动的成果总结

大多数体育项目尚未实现智能化教学和智能化比赛，但是智能跳绳设备的引入让华师附小在体育教学中找到了实现德智体有效融合的工具。智能跳绳的智慧化既体现在运动软件对个人跳绳动作的识别和记录，又体现在智能跳绳硬件对体育课堂的集体教学。跳绳项目的高度智能化得以让跳绳项目全面落实到体育教学的全过程，智能跳绳项目的锻炼价值和开展便利性让德智体协同发展的效果更为显著。

1. 智能跳绳能解决"双减"背景下教师和家长难教、难知、难管的困境

智能跳绳在锻炼的时空上实现了课内外相融合,实现了校内体育作业校外做,课上评和课后评相融合,实现了家校齐抓共管。这一成功的实践经验表明,将体育与智能科技相结合,能够为学生的全面发展提供有力支持。

2. 建立"点线面"育人机制,培养"三优"(德智体优秀)学生

在育人过程中关切学生的每一个成长点,教师 – 学生 – 家长的线性联系拓展了育人主体,巩固了育人的效果。高效、有趣的智能跳绳课堂在我校完成普及任务,一大批优秀的跳绳运动员、三好学生,以及全国、省、市、区优秀少先队员涌现,表明"点线面"育人机制成效显著,让德智体协同发展的小学体育改革目标落到实处。

第二节 以"绳"为纽带实现五育融合

在"以体为本，五育融合"的理念的引领下，华师附小跳绳队的队员不但拥有跳绳特长，而且语、数、英成绩优异，综合能力强。学生自信开朗、拼搏向上、乐于助人，是全校学生学习的榜样。华师附小跳绳队的培养案例证实了在小学阶段可以很好地实现五育并举和五育融合。

一、案例背景

华南师范大学附属小学建立于 1937 年，学校承担着广东省基础教育教学改革和实践的根本任务，2024 年入选教育部"义务教育教学改革实验校"。华南师大附小明确地把"一流教育，终身发展"作为品牌形象的最大亮点，学生学习成绩优异众所周知，但体育成绩如此优异，学生如此能吃苦，却让很多人没有想到。

学校跳绳队自 2020 年组建以来，常年坚持训练，并取得优异成绩，连续参加省、市、区跳绳比赛，荣获近百枚金牌。

2023 年 3 月，跳绳队参加广东省中小学生跳绳锦标赛，获得团体总分二等奖。

2023 年 4 月，跳绳队参加广东广播电视台体育频道"第一届青少年百人跳绳校际赛"，获得团体总分第三名。

2023 年 7 月，跳绳队参加广东省暑假线上跳绳挑战赛，获得团体总分一等奖。

2023年9月，跳绳队参加广州市"七星杯"中小学生跳绳比赛，获得高年级普通组团体总分第一名，低年级普通组团体总分第二名。

2023年11月，跳绳队参加天河区中小学生运动会跳绳比赛，获得团体总分第一名。

2024年1月，跳绳队参加广东省寒假线上跳绳挑战赛，获得团体总分一等奖。被广东电视台报道后，受到社会各界的关注和好评。

二、案例描述

学校充分认识到跳绳运动对于学生体质健康、校园体育文化建设、促进五育融合的重要作用。跳绳队在成立之初就确定了既要充分发展跳绳特长，又提高文化课学习成绩的基本目标，并且充分发挥体育对其他四育的促进作用，让体育与德育、智育、美育、劳育充分融合，因此大力开展"跳绳进校园"的活动，邀请跳绳世界冠军到校表演，每周上一节跳绳课，每人发放一条智能跳绳，每天布置跳绳家庭作业。

为了进一步发挥以"绳"育人的作用，学校采取了如下更为系统的措施让跳绳队队员在队伍成立之初就表现得兴致勃勃、信心满满，之后成绩更是突飞猛进。

1. 制订规划，与奖挂钩

学校领导非常重视学生的体质健康，在体育运动让每一个学生受益的指导思想下，大力向师生倡导"让运动成为习惯"，将跳绳项目作为学校重点打造的体育特色项目。

基于每个学生的能力都是不一样的现实情况，为了让高矮胖瘦的学生都可以找到适合自己的项目，学校精心布局了四大体育项目，能够面向全体学生实现因材施教。在身体能力和素质方面，篮球需要身高、体壮，田径需要速度和爆发力，跳绳需要小巧灵活，飞镖需要身手稳定，让每个学生都能展现自己的运动天赋。

学校在制度上采取特色体育项目的建设与评优制度有机结合的方式，学生只有体育优秀才能评三好学生，获得体育优秀的途径有四个：①体育课成绩优秀；②校运会单项比赛获得前三名；③参加区级以上比赛获得前八名；④体质测试成绩优秀。

假如学生体育课没有获得优秀，在校运会、校外比赛和每年的体质测试中也会给学生获取优秀的机会。例如，学生在430兴趣班练习跳绳、武术、健美操，然后代表学校去校外比赛，获得比赛前八名就可以获得评定三好学生的资格，而跳绳、武术、健美操等运动项目在比赛中相对容易获奖，打破了以往只有体育课堂才可以评定优秀的局面，鼓励学生个性发展，培养特长，真正实现因材施教。

2. 入队"门槛"，站位高远

学校跳绳队全体队员签订《成为卓越的人》的训练责任书，学习成绩一旦不达标就会停训一个月，直到考试分数达标为止，并将此项"跳绳队队规"向全校师生和家长公布。学校还制订了学生学习行为和生活习惯的家长评定量表，让家长每两个月打一次分，教师根据家长的反馈情况进行奖励和勉励。学校对入选跳绳队的人员名单进行全校公示，一方面起到鼓励作用，另一方面起到监督作用。公示过后，学校在升旗的时候对入选跳绳队的学生颁发进队证书。

在鼓励学生早起参加训练、克服惰性方面，如果单纯地对学生提要求，强制执行，虽然也可以达到目的，但是难以激发学生精神层面的力量，慢慢地会把学生培养成只会服从的"机器"，所以只有让家长和学生意识到要合理安排时间，提高对自己的要求和重视程度，才是顺利开展训练工作的关键环节。

3. 巧设规则，制造危机感

学校跳绳队内部设置高、低两个水平的梯队，定期开展队内赛，建立流通机制。不努力、成绩原地踏步、没有荣誉感、没有责任感、没有规则意识的学生随时都有被降级和淘汰的可能；积极向上、认真训练的同学可以更多地获得校内表演赛和对外交流赛的机会。渐渐地，学生在教师的引导下变得越来越自律，时间管理和支配能力逐步增强，学生的斗志越发旺盛，在社会上的知名度和美誉度越来越高。因此，成为跳绳队的正式队员是全校同学在求学过程中的一个美好愿望。

4. 榜样激励，具象化教育

中华文明源远流长，在五千年的历史长河中，涌现出无数可歌可泣的英雄事迹，这是我们中华民族独有的文化瑰宝，也是非常珍贵的教育财富。作者通过"闻鸡起舞"的典故倡议大家像东晋时期的祖逖将军一样勤奋好学，从小树立报效祖国的远大志向，通过刻苦训练成为更好的自己。作者把努力拼搏的种子播种在了每个跳绳队队员幼小的心灵中，将来必定会爆发出强大的精神动力。在这个故事的激励下，跳绳队的小队员们受到了极大的鼓舞，每天早上比以往提前10分钟入校训练。

以"小小加油站"为例，这项活动旨在培养学生与人为善的、积极的体育品质。课上，教师引入"小小加油站"的情境，让学生给参与三分钟耐力跳绳的学生送上掌声和葡萄糖水，用情境中"加油人"的形象比喻友善的人，通过"给他人加油"，将"与人为善"这一概念具象化，将每个人内心的感受和好的想法可视化。通过身动带动情动、心动，"友善"这个抽象概念在活动中被转化为具体行为，并逐渐被学生内化于心、外化于行。借助这样的方式，使学生自然而然地将课堂知识与自身体验相联结。

5. 五育融合，全面发展

对于社会主义新时代"培养什么人""怎样培养人""为谁培养人"的问题，习近平总书记在全国教育大会上给出了明确的答案：培养德智体美劳全面发展的社会主义建设者和接班人。基于此，跳绳教学确定了以下育人目标：

润德目标——以"绳"为媒培养关爱他人、社会、自然的情感和行为。

增智目标——以"绳"为媒创新表现，善于创新思维与创意物化。

健体目标——以"绳"为媒掌握健体知识和技能，养成健身习惯。

立美目标——以"绳"为媒在艺术领域学习、体验、展示与表达情感。

慧劳目标——以"绳"为媒树立劳动意识，掌握基本生活技能，以劳树德。

（1）以绳润德，共筑和谐之心。将跳绳作为桥梁，培养学生关爱他人、社会与自然的情感与行为。学校持续开展一系列德育活动，如"五个一"计划，旨在让学生在掌握体育技能、了解体育明星、唱响体育歌曲、弘扬体育精神以及探索体育活动发展史的过程中，形成体育与艺术交融的校园文化。学校努力构建以"绳文化"为核心的教育氛围，促进师生、家校、社会的和谐统一。

（2）以绳增智，启迪创新思维。通过跳绳的多样玩法，激发学生的创新思维与创造力。在跳绳过程中融入音乐与古诗词元素，使跳绳变得像杂技一样精彩。学生在挑战中不断进步，创造出各种新奇的跳绳技巧。同时，编绳、翻绳等活动也培养了学生的动手能力与想象力。学生了解并能说出跳绳的发展历史，说出动作的方法和重难点，说出动作的练习方法。

（3）以绳健体，养成运动习惯。学校将跳绳教学纳入课程体系，按年级划分不同水平，为学生提供适合的技能训练。结合校本课程与社团活动、必修与选修课程以及训练与竞赛，引导学生养成日常跳绳的好习惯。学校希望通过这样的方式，让学生真正地将健身融入生活，使其成为生活的一部分。

（4）以绳立美，提升文化素养。跳绳不仅是一种运动，更是一种艺术。学校将跳绳与舞蹈、体操、武术等元素结合，创造出绳舞、绳操、绳拳等多样形式。在动感音乐的伴奏下，使学生感受跳绳的韵律美，提高审美情趣与文化素养。

（5）以绳慧劳，培养劳动技能。学校注重将劳动教育融入跳绳教学中，通过一系列实践活动，如"生活自理能力大比拼""春种秋收""绳艺舞台"等，让学生在跳绳课程中学习劳动技能，体验劳动的乐趣。我们相信，通过跳绳这一媒介，能够培养学生的劳动意识，提升他们的生活质量。

三、案例反思

"五育融合"理念，作为新时代中国基础教育改革与发展的引领方向，其真正意义的实现并非空中楼阁，而是需要深深扎根于一线教育实践的肥沃土壤之中，汲取养分，逐步生长。华师附小跳绳队正是在这一理念的滋养下应运而生，它紧密贴合学校教学的实际需求，充分尊重学生的发展规律以及教育教学的内在逻辑，经过不断的探索与完善，逐渐成型。然而，在课程实施过程中，如何巧妙地实现不同学段之间无缝衔接，如何让"五育融合"的理念在日常教学中自然而然地得以体现，这些都是我们需要继续深入探讨和不懈努力的课题。我们期待通过持续的实践与反思，让跳绳课程成为"五育融合"理念下的一朵绚烂之花，为学生的终身体育奠定基础，为学生的幸福人生奠定基础。

第 7 章

智能跳绳教学

第一节 智能跳绳教学目标

智能跳绳教学依据《义务教育体育与健康课程标准（2022年版）》，以核心素养为导向，体现课程特性，反映课程理念，并确立课程目标。

本书邀请华南师范大学附属小学跳绳队的队员拍摄了第七章的第二、三、四、五节中提到的跳绳技术示范视频，需要观看的读者可以在抖音APP中搜索"dongzuoshifan"，关注抖音号"张老师的校园体育"，搜索跳绳动作名称，即可观看相应的动作示范视频。

一、体育核心素养的内涵

智能跳绳课程的核心素养主要包括学生通过智能跳绳课程学习逐步形成正确价值观，培养必备品格和关键能力，涵盖运动能力、健康行为和体育品德等方面。跳绳项目在发展学生核心素养方面具有独特作用。智能跳绳便捷的管理、记录、统计和分析功能为学生的运动过程和结果提供了详细的记录和评价，有助于培养学生的运动能力、健康行为和体育品德。

1. 运动能力

运动能力是指学生在参与体育运动过程中展现的综合能力，包括体能状况、运动认知与战术运用、体育展示或比赛三个维度。在跳绳运动中，学生的体能发展、技能掌握及应用、比赛和展示能力等方面的能力均有所体现。

2. 健康行为

健康行为是指学生为增进身心健康和适应外部环境所展现的综合能力,包括体育锻炼意识与习惯、健康知识与技能的掌握和运用、情绪调控、环境适应四个维度。学生的健康行为体现在通过智能跳绳平台参加课外和家庭跳绳锻炼、自觉保持安全距离、做好热身和放松活动等方面。

3. 体育品德

体育品德是指学生在体育运动中应遵循的行为规范和伦理,以及形成的价值追求和精神风貌,包括体育精神、体育道德和体育品格三个维度。学生在智能跳绳练习过程中体现了遵守规则、不怕困难、坚持到底、诚信自律、文明礼貌、责任意识等品德。

核心素养的三个方面紧密相连、相互影响,在跳绳教学过程中,全面发展学生的核心素养,并在解决复杂的套路学练、游戏、展示和比赛情境中整体发挥作用。

二、智能跳绳教学的总体目标

1. 掌握并运用体能与运动技能,提升运动能力

通过智能跳绳课程的学习,学生能够体验运动乐趣,掌握以跳绳为载体的体能训练方法,积极通过跳绳练习发展体能,使体能达到《国家学生体质健康标准(2014年修订)》,塑造良好形体,保持良好身体姿态。在学习跳绳技术和战术及参与展示或比赛的基础上,掌握速度跳绳和花样跳绳的运动技能;认识体能与运动技能发展的重要性,理解速度跳绳和花样跳绳运动的基础知识和基本原理,熟知并运用项目规则;经常观赏跳绳比

赛，具备简要分析跳绳比赛中的现象与问题的能力；树立积极的体育态度，提升问题分析和解决能力。

2. 学会运用健康与安全的知识和技能，养成良好的健康行为

通过学习智能跳绳课程，学生能够认识到体育锻炼对维持健康的重要性，进而激励他们积极参与校内外的体育活动，逐步培养出坚持锻炼的意识和习惯。此外，学生还能学习到关于个人卫生、营养饮食、青春期成长发育、常见疾病与运动伤害预防，以及安全避险等多方面的知识与方法，并能在实际的学习和生活中加以运用。同时，通过参与体育活动，学生将深刻体会到运动对心理健康的积极影响，学会如何调节情绪，积极面对生活中的挫折和失败，从而保持良好的心态。在学习过程中，学生还将主动与他人进行交流和合作，了解在不同环境下进行智能跳绳锻炼的技巧和注意事项，能逐步适应并融入自然环境和社会环境。

3. 积极参与智能跳绳活动，养成良好的体育品德

通过学习智能跳绳课程，学生能够领悟到参与智能跳绳的练习、展示或竞赛对于个人品格塑造的深远意义。他们会热衷于参与智能跳绳等体育活动，在面对挑战或身体极限时，能够在保证安全的前提下，勇于克服困难并坚持到底，与同伴共同展现出不屈不挠的斗志。同时，他们将遵守智能跳绳游戏、展示或比赛的规则，彼此尊重，保持诚信，展现出公平竞争的意识和行为。学生会充满自信，乐于助人，表现出良好的礼仪，能够承担不同角色并认真履行各自职责，以正确的态度看待成功与失败。学生能够将在智能跳绳运动中培养的优秀体育品德应用到日常学习和生活中，实现体育品德的全面提升。

三、智能跳绳教学水平目标

智能跳绳课程根据核心素养达成度，分三个水平对课程目标进行细化。

1. 水平一目标

（1）掌握与运用体能和大众一级跳绳技能，提高运动能力。

① 积极投身智能跳绳游戏，体验体育活动的乐趣。

② 学习并体验智能跳绳操控技能等基本运动技能。

（2）学会运用健康与安全的知识和技能，形成健康的生活方式。

① 深刻感受体育锻炼对健康的重要性，积极参与校内外智能跳绳活动。

② 掌握个人卫生保健、营养膳食、安全避险等健康知识和方法，并将其应用于日常生活中。

③ 性格活泼开朗，体验快乐。

④ 乐于与他人交往，适应自然环境。

（3）积极参与智能跳绳活动，养成良好的体育品德。

① 在智能跳绳活动中展现不怕困难、努力坚持学练的意志品质。

② 按照要求参与智能跳绳游戏。

③ 在智能跳绳活动中尊重教师、关爱同学，能扮演不同的运动角色。

2. 水平二目标

（1）掌握与运用体能和大众二级跳绳技能，提高运动能力。

① 积极参与智能跳绳运动项目游戏，感受运动乐趣。

②学习体能和智能跳绳运动项目的知识与技能，能进行智能跳绳运动技能展示或比赛。

③运用所学智能跳绳知识观看展示或比赛。

（2）学会运用健康与安全的知识和技能，形成健康的生活方式。

①了解体育锻炼对健康的重要性，积极参与校内外智能跳绳活动。

②了解个人卫生保健、营养膳食、青春期生长发育、运动伤病、安全避险等健康知识和方法，并将其运用于日常生活中。

③关注自身情绪的变化。

④积极与他人沟通和交流，适应自然环境的变化。

（3）积极参与智能跳绳活动，养成良好的体育品德。

①在有一定难度的智能跳绳活动中表现出勇敢顽强、克服困难的意志品质。

②按照规则和要求参与智能跳绳活动。

③在智能跳绳活动中表现出文明礼貌、乐于助人的行为。

3. 水平三目标

（1）掌握与运用体能和组合跳绳技能，提高运动能力。

①积极参与智能跳绳运动项目学练，培养运动兴趣。

②体能水平显著提高，掌握智能跳绳项目的基本知识，学练智能跳绳运动项目的战术，并能在花样跳绳展示或比赛中运用。

③运用比赛规则参与跳绳比赛裁判工作，观看体育比赛并能进行简要评价。

（2）学会运用健康与安全的知识和技能，形成健康的生活方式。

① 理解体育锻炼对健康的重要性，主动参与校内外智能跳绳锻炼。

② 将健康与安全的知识和技能运用于日常生活中。

③ 在遭受挫折和失败时保持情绪稳定。

④ 交往与合作能力提升，适应自然环境的能力增强。

（3）积极参与智能跳绳活动，养成良好的体育品德。

① 在有挑战性的智能跳绳活动中能迎难而上，表现出自信和抗挫折能力。

② 遵守智能跳绳规范和规则，尊重裁判，尊重对手，表现出公平竞争的意识。

③ 具有良好的团队精神和集体意识，能正确对待比赛结果。

第二节 智能跳绳基础学练

学业要求

（1）知道正摇单摇并脚跳、正摇单摇并脚跳＋左右跳、正摇单摇并脚跳＋开合跳、正摇单摇并脚跳＋前行四步跳＋后退四步跳等练习内容，能说出正摇单摇并脚跳、正摇单摇并脚跳＋左右跳、正摇单摇并脚跳＋开合跳、正摇单摇并脚跳＋前行四步跳＋后退四步跳等运动术语，协调发展移动性技能、非移动性技能和操控性技能，能保持良好的身体姿态，快乐地参与体育活动。

（2）乐于参与正摇单摇并脚跳、正摇单摇并脚跳＋左右跳、正摇单摇并脚跳＋开合跳、正摇单摇并脚跳＋前行四步跳＋后退四步跳学练和游戏，能说出参与跳绳活动前后的感受；具有时空意识和安全运动意识，能在运动中做好安全方面的自我检查，与他人保持安全距离。

（3）在跳绳活动中主动思考，大胆尝试，遵守纪律，文明礼貌，不怕困难，努力坚持学练。

教学提示

（1）创设生动形象的情境，开展游戏化教学，引导学生模仿教师动作、观看智能系统视频或跟随语言提示做动作，通过扮演某种角色或对象进行学练，提高柔韧性、灵敏性、平衡能力及自我展示能力。学会与同伴友好相处。

（2）运用启发性问题，如能不能把并脚跳与开合跳、左右跳结合起来？把并脚跳与开合跳、左右跳结合起来一起跳时，手和脚怎么配合？教师引导学生发挥想象力，以探索多种形式的运动，加深对不同形式及身体表达的认知，促进学生积极参与和主动思考。

（3）重视组织学生进行身体双侧协调练习，如左右手交替摇绳、左右脚交换跳绳等，促进学生大脑均衡发展，提高学生的反应能力、身体控制能力和协调能力。

（4）注意与艺术、劳动学科相结合，创设丰富多样的情境，用有创意的方式引导学生参与活动，激发学生的学习热情和兴趣。

（5）注意引导学生参与多样化的活动，如跳绳时进行变换方向、路径、节奏的练习，丰富运动体验，培养学生对时空变化和身体变化的感知。

练习1 正摇单摇并脚跳

学习目标

运动能力：发展下肢力量、协调性、灵敏性和平衡能力等。在智能跳绳学练中学习和体验正摇单摇并脚跳动作；知道正摇单摇并脚跳的基础知识、基本技能和基本方法，并运用于游戏或比赛中。在智能跳绳活动中，运用正摇单摇并脚跳动作参加展示、游戏和体现自我进步的比赛。

健康行为：了解跳绳对青春期生长发育的重要性，积极参与校内外智能跳绳学练、比赛活动。跳绳前后主动做好热身活动和放松活动。活动前对自身健康状况进行评估，自觉检查练习环境是否安全。

体育品德：在正摇单摇并脚跳组合动作学练中表现出乐于助人、勤学苦练的品质，并按照要求按质按量完成学练任务。在跳绳活动开始、结束时注意跳绳礼仪。

学习内容

主要内容：正摇单摇并脚跳。

拓展内容：正摇单摇并脚跳 + 左右跳。

学习重难点

学习重点：掌握绳子打地迅速起跳的时机，摇绳与起跳的节奏统一。

学习难点：正摇单摇跳的节奏和动作协调连贯。

器材场地

器材包括智能跳绳终端、手机、手机架、跳绳、跳绳垫、笔，场地为操场、客厅或平整的地面。

安全措施

（1）学练前评估自己身体状况是否适宜参加剧烈运动，否则暂缓练习本课内容。

（2）学练正摇单摇并脚跳前先做好充分的全身热身活动，特别是踝关节、膝关节、髋关节、肩关节的活动。

（3）检查跳绳学练场所是否有障碍物等安全隐患，周围至少 2 米范围内无障碍物等。

（4）学练过程中，如出现明显不是因为运动疲劳导致的身体不适感，应立即停止练习，并向教师、家长、同学寻求帮助。

"学练赛"方法

学：先观看智能跳绳平台的示范视频。

第一步，摇绳练习。对折绳子打个结，稍微缩短绳子长度。两手分别握着绳柄前端的绳子，让孩子进行摇绳柄的节奏练习。这里要注意摇绳的时候大臂要贴近身体、小臂自然下垂。手腕匀速发力画圆，进行摇绳。

第二步，跳跃练习。首先双手叉腰，做原地纵跳，向上跳落地的时候要前脚掌先落地，同时屈膝缓冲。

第三步，摇跳练习。双脚并拢脚底踩绳中部，拉直跳绳，然后向前摇绳，绳打地时起跳，再顺势将绳摇到体前，双脚将绳踩住。逐渐熟练后，可以连续跳几个。当该动作按照稳定的节奏能完成30次以上不失误时，再进入练习环节。

练：自己喊节奏性口令或播放智能跳绳系统内背景音乐，按照音乐的节奏练习正摇单摇并脚跳动作。每组30次，完成4组。

赛：挑战正摇单摇并脚跳成功率，每组连续跳50次，完成4组，看失误3次以下的有多少组。失误3次以下为合格。

智能跳绳运用点

观看系统内示范视频，模仿系统示范动作练习，查看练习过程录像，分析自己的动作，找出失误的原因。分析正摇单摇并脚跳动作记录，根据配速数据分析自己的技术。

自我评价

内容	正摇单摇并脚跳	完成情况
合格标准	正摇单摇并脚跳动作50次内失误少于3次	

后续计划

练习内容		练习时间	年　月　日
练习组数			
持续时间			
教师或家长确认			

练习 2 正摇单摇并脚跳 + 左右跳

学习目标

运动能力：发展下肢力量、协调性、灵敏性和平衡能力等。能做出正确的正摇单摇并脚跳 + 左右跳的动作。学练和体验正摇单摇并脚跳 + 左右跳的练习方法。体验正摇单摇并脚跳 + 左右跳的速度、力量、时空变化的身体感受。

健康行为：在校内外积极利用智能跳绳练习正摇单摇并脚跳 + 左右跳，适应校内外自主学练正摇单摇并脚跳 + 左右跳的环境，学练前后自觉做好热身和放松活动，科学补水，及时更换衣服。

体育品德：在正摇单摇并脚跳 + 左右跳学练中积极思考、主动探索，多次尝试，培养不怕失败、坚持不懈的品质。

学习内容

主要内容：正摇单摇并脚跳 + 左右跳。

拓展内容：正摇单摇并脚跳 + 左右跳 + 原地踏步 + 原地小跑。

学习重难点

学习重点：左、右跳的落地点保持一致。

学习难点：控制身体重心以及甩绳的力量、节奏及方向，动作协调连贯。

器材场地

器材包括智能跳绳终端、手机、手机架、跳绳、跳绳垫、笔，场地为空地、家庭客厅或阳台等。

安全措施

（1）学练前评估自己身体状况是否适宜参加剧烈运动，否则暂缓练习本课内容。

（2）学练正摇单摇并脚跳＋左右跳前先做好充分的全身热身活动，特别是踝关节、膝关节、肩关节的活动。

（3）检查跳绳学练场所是否有障碍物等安全隐患，周围至少2米范围内无障碍物等。

（4）学练过程中，如出现明显不是因为运动疲劳导致的身体不适感，应立即停止练习，并向教师、家长、同学寻求帮助。

"学练赛"方法

学：先观看智能跳绳平台的示范视频，然后进行正摇单摇并脚跳＋左右跳练习，当该动作按照稳定的节奏能完成1个八拍以上不失误时，再进入练习环节。

练：自己喊节奏性口令或播放智能跳绳系统内背景音乐，按照音乐的节奏练习正摇单摇并脚跳＋左右跳。每组4个八拍，完成4组。

赛：正摇单摇并脚跳＋左右跳完成度比赛，每组连续4个八拍，完成3组，看失误2次及以下的有多少组。失误2次及以下为合格。

智能跳绳运用点

观看系统内示范视频，模仿系统示范动作练习，查看练习过程录像，分析自己的动作，找出失误的原因。分析正摇单摇并脚跳＋左右跳动作记录，根据配速数据分析自己的技术。

自我评价

内容	正摇单摇并脚跳＋左右跳	完成情况
合格标准	正摇单摇并脚跳＋左右跳组合动作4个八拍失误少于2次	

后续计划

练习内容		练习时间	年　月　日
练习组数			
持续时间			
教师或家长确认			

练习3 正摇单摇并脚跳+开合跳

学习目标

运动能力：发展下肢力量、协调性、灵敏性和平衡能力等。能做出正确的正摇单摇并脚跳+开合跳动作。学练和体验正摇单摇并脚跳+开合跳的练习方法。体验正摇单摇并脚跳+开合跳的速度、力量、时空变化的身体感受。

健康行为：在校内外积极利用智能跳绳参加正摇单摇并脚跳+开合跳练习，适应校内外自主学练正摇单摇并脚跳+开合跳的环境，学练前后自觉做好热身和放松活动，科学补水，及时更换衣服。

体育品德：在正摇单摇并脚跳+开合跳学练中积极思考、主动探索，培养不怕失败、坚持不懈的品质。

学习内容

主要内容：正摇单摇并脚跳+开合跳。

拓展内容：正摇单摇并脚跳+开合跳+左右跳。

学习重难点

学习重点：起跳后在空中完成并脚和开脚，在落地前双手摇绳从脚底过。

学习难点：正摇单摇并脚跳＋开合跳的节奏转换，正摇单摇并脚跳＋开合跳的动作协调连贯。

器材场地

器材包括智能跳绳终端、手机、手机架、跳绳、跳绳垫、笔，场地为空地、家庭客厅或阳台等。

安全措施

（1）学练前评估自己身体状况是否适宜参加剧烈运动，否则暂缓练习本课内容。

（2）学练正摇单摇并脚跳＋开合跳前先做好充分的全身热身活动，特别是踝关节、膝关节、肩关节的活动。

（3）检查跳绳学练场所是否有障碍物等安全隐患，周围至少2米范围内无障碍物等。

（4）学练过程中，如出现明显不是因为运动疲劳导致的身体不适感，应立即停止练习，并向教师、家长、同学寻求帮助。

"学练赛"方法

学：先观看智能跳绳平台的示范视频，然后进行正摇单摇并脚跳＋开合跳练习，当该动作按照稳定的节奏能完成1个八拍以上不失误时，再进入练习环节。

练：自己喊节奏性口令或播放智能跳绳系统内背景音乐，按照音乐的节奏练习正摇单摇并脚跳＋开合跳等动作。每组4个八拍，完成4组。

赛：正摇单摇并脚跳＋开合跳完成度比赛，每组连续 4 个八拍，完成 3 组，看失误 2 次及以下的有多少组。失误 2 次及以下为合格。

智能跳绳运用点

观看系统内示范视频，模仿系统示范动作练习，查看练习过程录像，分析自己的动作，找出失误的原因。分析正摇单摇并脚跳＋开合跳动作记录，根据配速数据分析自己的技术。

自我评价

内容	正摇单摇并脚跳＋开合跳	完成情况
合格标准	正摇单摇并脚跳＋开合跳组合动作 4 个八拍失误少于 2 次	

后续计划

练习内容		练习时间	年　月　日
练习组数			
持续时间			
教师或家长确认			

练习 4　正摇单摇并脚跳＋前行四步跳＋后退四步跳

学习目标

运动能力：发展下肢力量、协调性、灵敏性和平衡能力等。能做出正确的正摇单摇并脚跳＋前行四步跳＋后退四步跳的动作。学练和体验正摇单摇并脚跳＋前行四步跳＋后退四步跳的练习方法。体验正摇单摇并脚跳+前行四步跳+后退四步跳的速度、力量、时空变化的身体感受。

健康行为：在校内外积极利用智能跳绳参加正摇单摇并脚跳+前行四步跳+后退四步跳练习，适应校内外自主学练正摇单摇并脚跳+前行四步跳+后退四步跳的环境，学练前后自觉做好热身和放松活动，科学补水。

体育品德：在正摇单摇并脚跳+前行四步跳+后退四步跳学练中积极思考、主动探索，培养不怕失败、坚持不懈的品质。

学习内容

主要内容：正摇单摇并脚跳+前行四步跳+后退四步跳。

拓展内容：正摇单摇并脚跳+前后左右跳+前行四步跳+后退四步跳。

学习重难点

学习重点：正摇单摇并脚跳+前行四步跳+后退四步跳节奏转换，双手甩绳的力量、节奏及方向。

学习难点：正摇单摇并脚跳+前行四步跳+后退四步跳的动作协调连贯。

器材场地

器材包括智能跳绳终端、手机、手机架、跳绳、跳绳垫、笔，场地为空地、家庭客厅或阳台等。

安全措施

（1）学练前评估自己身体状况是否适宜参加剧烈运动，否则暂缓练习本课内容。

（2）学练正摇单摇并脚跳+前行四步跳+后退四步跳前先做好充分的全身热身活动，特别是踝关节、膝关节、髋关节、肩关节的活动。

（3）检查跳绳学练场所是否有障碍物等安全隐患，周围至少2米范围内无障碍物等。

（4）学练过程中，如出现明显不是因为运动疲劳导致的身体不适感，应立即停止练习，并向教师、家长、同学寻求帮助。

"学练赛"方法

学：先观看智能跳绳平台的示范视频，接着体验正摇单摇并脚跳＋前行四步跳＋后退四步跳练习，当该动作按照稳定的节奏能完成1个八拍以上不失误时，再进入练习环节。

练：自己喊节奏性口令或播放智能跳绳系统内背景音乐，按照音乐的节奏练习正摇单摇并脚跳＋前行四步跳＋后退四步跳等动作。每组2个八拍，完成4组。

赛：正摇单摇并脚跳＋前行四步跳＋后退四步跳完成度比赛，每组连续2个八拍，完成4组，看失误2次及以下的有多少组。失误2次及以下为合格。

智能跳绳运用点

观看系统内示范视频，模仿系统示范动作练习，查看练习过程录像，分析自己的动作，找出失误的原因。分析正摇单摇并脚跳＋前行四步跳＋后退四步跳动作记录，根据配速数据分析自己的技术。

自我评价

内容	正摇单摇并脚跳＋前行四步跳＋后退四步跳	完成情况
合格标准	正摇单摇并脚跳＋前行四步跳＋后退四步跳组合动作4个八拍失误少于2次	

后续计划

练习内容		练习时间	年 月 日
练习组数			
持续时间			
教师或家长确认			

第三节 智能跳绳技能提升

学业要求

（1）掌握所学花样跳绳主要的基本动作技术和组合动作技术，并运用所学的技战术参与智能跳绳平台组织的学练或比赛；通过线上和线下的勤练和常赛进一步提高体能水平；能描述所学跳绳的基本动作技术要领和基本规则。

（2）运用所学智能跳绳锻炼内容积极地参与体育锻炼，在学练和比赛中与同伴交流合作，能调控情绪，运用预防运动损伤的简单方法。

（3）在智能跳绳的学练和比赛中自尊自信，能正确看待练习的失误，遵守规则。

教学提示

（1）根据智能跳绳运动的特点，有针对性地创设学练、展示或比赛情境。

（2）在拍摄教学示范视频分析动作时突出动作方法的讲解和动作的连贯性。

（3）学练和比赛内容设计应体现技战术学习的进阶性和连贯性，要使学生由易到难、循序渐进地学练基本技战术，并在不同情境中加以运用。

（4）在设计基于智能平台的学练或比赛中，注意让学生了解所学跳绳活动项目的文明礼仪，如比赛开始和结束时向观众敬礼。

（5）引导学生通过报刊、网络等途径学习速度跳绳、花样跳绳知识，加深对跳绳项目的理解。

练习 1　正摇单摇左右脚交换跳

学习目标

运动能力：发展下肢力量、协调性、灵敏性和平衡能力等。在智能跳绳学练中学习和体验正摇单摇左右脚交换跳的简单组合动作；知道正摇单摇左右脚交换跳的基础知识、基本技能和基本方法并运用于游戏或比赛中。在智能跳绳活动中，运用正摇单摇左右脚交换跳动作参加展示、游戏和体现自我进步的比赛。

健康行为：了解正摇单摇左右脚交换跳对青春期生长发育的重要性，积极参与校内外正摇单摇左右脚交换跳学练、比赛活动。跳绳前后主动做好热身活动和放松活动。活动前对自身健康状况进行评估，自觉检查练习环境是否安全。

体育品德：在正摇单摇左右脚交换跳组合动作学练中表现出勇敢顽强、克服困难的意志品质，并按照要求按质按量完成学练任务。在跳绳活动开始、结束时注意跳绳礼仪。

学习内容

主要内容：正摇单摇左右脚交换跳。

拓展内容：正摇单摇并脚跳 + 正摇单摇左右脚交换跳。

学习重难点

学习重点：两脚依次抬腿跳跃过绳，连续单脚交换跳跃过绳。双腿在空中完成交换，在交换后的支撑脚落地前双手甩绳过脚底。

学习难点：正摇单摇左右脚交换跳的节奏和动作协调连贯。

器材场地

器材包括智能跳绳终端、手机、手机架、跳绳、跳绳垫、笔，场地为操场、客厅或平整的地面。

安全措施

（1）学练前评估自己身体状况是否适宜参加剧烈运动，否则暂缓练习本课内容。

（2）学练正摇单摇左右脚交换跳前先做好充分的全身热身活动，特别是踝关节、膝关节、髋关节、肩关节的活动。

（3）检查跳绳学练场所是否有障碍物等安全隐患，周围至少2米范围内无障碍物等。

（4）学练过程中，如出现明显不是因为运动疲劳导致的身体不适感，应立即停止练习，并向教师、家长、同学寻求帮助。

"学练赛"方法

学：先观看智能跳绳平台的正摇单摇左右脚交换跳示范视频，接着体验正摇单摇左右脚交换跳练习，当该动作按照稳定的节奏能完成30次以上不失误时，再进入练习环节。

练：自己喊节奏性口令或播放智能跳绳系统内背景音乐，按照音乐的节奏练习正摇单摇左右脚交换跳动作。每组40次，完成4组。

赛：挑战正摇单摇左右脚交换跳成功率，每组连续40次，完成4组，看失误1次及以下的有多少组。失误1次及以下为合格。

智能跳绳运用点

观看系统内示范视频，模仿系统示范动作练习，查看练习过程录像，分析自己的动作,找出失误的原因。分析正摇单摇左右脚交换跳动作记录,根据配速数据分析自己的技术。

自我评价

内容	正摇单摇左右脚交换跳	完成情况
合格标准	正摇单摇左右脚交换跳动作40次内失误少于1次	

后续计划

练习内容		练习时间	年 月 日
练习组数			
持续时间			
教师或家长确认			

练习2 正摇单摇交叉跳

学习目标

运动能力:发展下肢力量、协调性、灵敏性和平衡能力等。学习和体验正摇单摇交叉跳的简单组合动作;知道正摇单摇交叉跳的基础知识、基本技能和基本方法并运用于智能跳绳游戏或比赛中。按照智能跳绳活动规则运用正摇单摇交叉跳技术参加展示、游戏和体现自我进步的比赛。

健康行为:了解花样跳绳及其正摇单摇交叉跳动作对青春期生长发育的重要性,积极参与校内外正摇单摇交叉跳学练、比赛活动。跳绳前后主动做好热身活动和放松活动。活动前对自身健康状况进行评估,自觉检查练习环境是否安全,练习结束自觉更换衣服。

体育品德:在正摇单摇交叉跳组合动作学练中表现出主动思考、勇敢顽强、沉着冷静、克服困难的意志品质，并按照要求按质按量完成学练任务。在跳绳活动开始、结束时注意跳绳礼仪。

学习内容
主要内容：正摇单摇交叉跳。

拓展内容：正摇单摇并脚跳 + 正摇单摇交叉跳。

学习重难点
学习重点：双手贴近身体呈交叉状，两手保持在身体两侧。

学习难点：摇绳过程中绳交叉与脚起跳的节奏和动作协调连贯。

器材场地
器材包括智能跳绳终端、手机、手机架、跳绳、跳绳垫、笔，场地为操场、客厅或平整的地面。

安全措施
（1）学练前评估自己身体状况是否适宜参加剧烈运动，否则暂缓练习本课内容。

（2）学练正摇单摇交叉跳前先做好充分的全身热身活动，特别是踝关节、膝关节、髋关节、肩关节的活动。

（3）检查跳绳学练场所是否有障碍物等安全隐患，周围至少2米范围内无障碍物等。

（4）学练过程中，如出现明显不是因为运动疲劳导致的身体不适感，应立即停止练习，并向教师、家长、同学寻求帮助。

"学练赛"方法
学：先观看智能跳绳平台的正摇单摇交叉跳示范视频。第一步为向前摇绳两手交叉于腹前,随之并脚跳过交叉的绳子;第二步为两手将绳子打开随之并脚跳过呈直摇状态的绳子。接着体验正摇单摇交叉跳前后甩绳跳练习,当该动作按照稳定的节奏能完成 1 个八拍以上无失误时,再进入练习环节。

练:播放智能跳绳系统内背景音乐,按照音乐的节奏练习正摇单摇交叉跳动作。每组 4 个八拍,完成 6 组,组间休息 120 秒。

赛:挑战正摇单摇交叉跳成功率,每组 2 个八拍,完成 4 组,计算失误少于 2 次及以下的组数。失误少于 2 次及以下为合格。

智能跳绳运用点

观看系统内示范视频,模仿系统示范动作练习,查看练习过程录像,分析自己的动作,找出失误的原因。分析正摇单摇交叉跳动作记录,根据配速数据分析自己的技术。

自我评价

内容	正摇单摇交叉跳	完成情况
合格标准	正摇单摇交叉跳动作 2 个八拍失误少于 2 次	

后续计划

练习内容		练习时间	年 月 日
练习组数			
持续时间			
教师或家长确认			

练习3 正摇单摇十字象限跳

学习目标

运动能力：发展下肢力量、协调性、灵敏性和平衡能力等。在智能跳绳学练中学习和体验正摇单摇十字象限跳的简单组合动作；知道正摇单摇十字象限跳的基础知识、基本技能和基本方法并运用于游戏或比赛中。在智能跳绳活动中，按照规则运用正摇单摇十字象限跳动作参加展示、游戏和体现自我进步的比赛。

健康行为：了解正摇单摇十字象限跳对青春期生长发育的重要性，积极参与校内外正摇单摇十字象限跳学练、比赛活动。跳绳前后主动做好热身活动和放松活动。活动前对自身健康状况进行评估，自觉检查练习环境是否安全。

体育品德：在正摇单摇十字象限跳组合动作学练中表现出勇敢顽强、克服困难的意志品质，并按照要求按质按量完成学练任务。在跳绳活动开始、结束时注意跳绳礼仪。

学习内容

主要内容：正摇单摇十字象限跳。

拓展内容：正摇单摇并脚跳＋正摇单摇十字象限跳。

学习重难点

学习重点：落地要稳，控制身体重心，摇绳与并脚连续跳跃的方法一致。

学习难点：正摇单摇十字象限跳的节奏和动作协调连贯。

器材场地

器材包括智能跳绳终端、手机、手机架、跳绳、跳绳垫、笔，场地为操场、客厅或平整的地面。

安全措施

（1）学练前评估自己身体状况是否适宜参加剧烈运动，否则暂缓练习本课内容。

（2）学练正摇单摇十字象限跳前先做好充分的全身热身活动，特别是踝关节、膝关节、髋关节、肩关节的活动。

（3）检查跳绳学练场所是否有障碍物等安全隐患，周围至少2米范围内无障碍物等。

（4）学练过程中，如出现明显不是因为运动疲劳导致的身体不适感，应立即停止练习，并向教师、家长、同学寻求帮助。

"学练赛"方法

学：先观看智能跳绳平台的正摇单摇十字象限跳示范视频，接着体验正摇单摇十字象限跳练习，当该动作按照稳定的节奏能完成8次以上不失误时，再进入练习环节。

练：自己喊节奏性口令或播放智能跳绳系统内背景音乐，按照音乐的节奏练习正摇单摇十字象限跳动作。每组16次，完成4组。

赛：挑战正摇单摇十字象限跳成功率，每组连续16次，完成5组，看失误2次及以下的有多少组。失误2次及以下为合格。

智能跳绳运用点

观看系统内示范视频，模仿系统示范动作练习，查看练习过程录像，分析自己的动作，找出失误的原因。分析正摇单摇十字象限跳动作记录，根据配速数据分析自己的技术。

自我评价

内容	正摇单摇十字象限跳	完成情况
合格标准	正摇单摇十字象限跳动作 16 次内失误少于 2 次	

后续计划

练习内容		练习时间		年 月 日
练习组数				
持续时间				
教师或家长确认				

练习 4 左右侧甩接正摇单摇跳

学习目标

运动能力：发展下肢力量、协调性、灵敏性和平衡能力等。学习和体验左右侧甩接正摇单摇跳的组合动作；知道左右侧甩接正摇单摇跳的基础知识、基本技能和基本方法并运用于智能跳绳游戏或比赛中。按照智能跳绳活动规则运用左右侧甩接正摇单摇跳技术参加展示、游戏和比赛。

健康行为：知道花样跳绳及其左右侧甩接正摇单摇跳动作对健康促进的重要性，有计划地参与校内外左右侧甩接正摇单摇跳学练、展示或比赛活动。跳绳前后主动做好热身活动和放松活动。活动前对自身健康状况进行评估，自觉检查练习环境是否安全，练习结束自觉更换衣服。活动结束科学补水。

体育品德：在左右侧甩接正摇单摇跳的组合动作学练中表现出主动思考、积极探索、敢于尝试、沉着冷静、克服困难的意志品质，并按照要求按质按量完成学练任务。在跳绳活动开始、结束时注意跳绳礼仪。

学习内容
主要内容：左右侧甩接正摇单摇跳。
拓展内容：正摇并脚跳＋正摇左右跳＋左右侧甩接正摇单摇跳。

学习重难点
学习重点：侧甩绳子后，左手迅速还原到身体同侧并充分将绳子打开。
学习难点：左右侧甩接正摇单摇跳的组合动作协调连贯。

器材场地
器材包括智能跳绳终端、手机、手机架、跳绳、跳绳垫、笔，场地为操场、客厅或平整的地面。

安全措施
（1）学练前评估自己身体状况是否适宜参加剧烈运动，否则暂缓练习本课内容。

（2）学练左右侧甩接正摇单摇跳前先做好充分的全身热身活动，特别是踝关节、膝关节、髋关节、肩关节的活动。

（3）检查跳绳学练场所是否有障碍物等安全隐患，周围至少2米范围内无障碍物等。

（4）学练过程中，如出现明显不是因为运动疲劳导致的身体不适感，应立即停止练习，并向教师、家长、同学寻求帮助。

"学练赛"方法

学：先观看智能跳绳平台的左右侧甩接正摇单摇跳示范视频，再自主体验左右侧甩接正摇单摇跳练习，当该动作按照稳定的节奏能完成 2 个八拍以上无失误时，再进入练习环节。

练：播放智能跳绳系统内背景音乐，按照音乐的节奏先练习左右侧甩的动作，熟练后接正摇单摇跳组合动作。每组 4 个八拍，完成 6 组，组间休息 30 秒。

赛：挑战左右侧甩接正摇单摇跳成功率，每组 8 个八拍，完成 6 组，计算失误 2 次及以下的组数。失误 2 次及以下则为合格。

智能跳绳运用点

观看系统内左右侧甩接正摇单摇跳示范视频，模仿系统示范动作练习，查看练习过程录像，分析失误原因；分析左右侧甩接正摇单摇跳动作记录，根据配速数据分析自己的技术。

自我评价

内容	左右侧甩接正摇单摇跳	完成情况
合格标准	左右侧甩接正摇单摇跳练习 8 个八拍失误少于 2 次。	

后续计划

练习内容		练习时间	年　月　日
练习组数			
持续时间			
教师或家长确认			

练习 5 正摇提膝点地跳

学习目标

运动能力：发展下肢力量、协调性、灵敏性和平衡能力等。在智能跳绳学练中学习和体验正摇提膝点地跳的简单组合动作；知道正摇提膝点地跳的基础知识、基本技能和基本方法并运用于游戏或比赛中。在智能跳绳活动中，按照规则运用正摇提膝点地跳动作参加展示、游戏和体现自我进步的比赛。

健康行为：了解正摇提膝点地跳对发展协调性的重要性，积极参与校内外正摇提膝点地跳的学练、比赛活动。跳绳前后主动做好热身活动和放松活动。活动前对自身健康状况进行评估，自觉检查练习环境是否安全。

体育品德：在正摇提膝点地跳的组合动作学练中表现出主动思考、勇敢顽强、沉着冷静、克服困难的意志品质，并按照要求按质按量完成学练任务。在跳绳活动开始、结束时注意跳绳礼仪。

学习内容

主要内容：正摇提膝点地跳。

拓展内容：正摇单摇并脚跳 + 正摇高抬腿跳 + 正摇提膝点地跳。

学习重难点

学习重点：支撑腿起跳后，点地脚落地前，双手甩绳过脚底。

学习难点：正摇提膝点地跳的节奏和动作协调连贯。

器材场地

器材包括智能跳绳终端、手机、手机架、跳绳、跳绳垫、笔，场地为操场、客厅或平整的地面。

安全措施

（1）学练前评估自己身体状况是否适宜参加剧烈运动，否则暂缓练习本课内容。

（2）学练正摇单摇并脚跳＋正摇高抬腿跳＋正摇提膝点地跳前先做好充分的全身热身活动，特别是踝关节、膝关节、髋关节、肩关节的活动。

（3）检查跳绳学练场所是否有障碍物等安全隐患，周围至少2米范围内无障碍物等。

（4）学练过程中，如出现明显不是因为运动疲劳导致的身体不适感，应立即停止练习，并向教师、家长、同学寻求帮助。

"学练赛"方法

学：先观看智能跳绳平台的正摇提膝点地跳示范视频，两手持绳向前摇，第一步当绳子过脚时，一只脚扣脚提膝，第二步提膝脚侧点地，第三步还原成提膝，第四步为并脚跳跃过绳，遵循以上顺序完成提膝点地跳。当该动作按照稳定的节奏能完成1个八拍以上不失误时，再进入练习环节。

练：自己喊节奏性口令或播放智能跳绳系统内背景音乐，按照音乐的节奏练习正摇提膝点地跳动作。每组2个八拍，完成4组。

赛：挑战正摇提膝点地跳成功率，每组4个八拍，完成4组，看失误2次及以下的有多少组。失误2次及以下为合格。

智能跳绳运用点

观看系统内示范视频，模仿系统示范动作练习，查看练习过程录像，分析自己的动作，找出失误的原因。分析正摇提膝点地跳动作记录，根据配速数据分析自己的技术。

自我评价

内容	正摇提膝点地跳	完成情况
合格标准	正摇提膝点地跳动作 4 个八拍失误少于 2 次	

后续计划

练习内容		练习时间	年 月 日
练习组数			
持续时间			
教师或家长确认			

练习 6 正摇单摇前踢腿跳

学习目标

运动能力：发展下肢力量、协调性、灵敏性和平衡能力等。能做出正摇单摇前踢腿跳、手脚协同、方位变化等动作。学练和体验正摇单摇前踢腿跳的练习方法。体验正摇单摇前踢腿跳的速度、力量、时空变化的身体感受。

健康行为：在校内外积极利用智能跳绳参加正摇单摇前踢腿跳练习，适应校内外自主学练正摇单摇前踢腿跳的环境，学练前后自觉做好热身和放松活动，及时更换衣服。

体育品德：在正摇单摇前踢腿跳学练中积极思考、主动探索，多次尝试，培养不怕失败、坚持不懈的品质。

学习内容

主要内容：正摇单摇前踢腿跳。

拓展内容：正摇单摇并脚跳 + 前后左右跳 + 开合跳 + 正摇单摇前踢腿跳。

学习重难点

学习重点：摆动腿前踢接换腿支撑。双腿在空中完成前踢交换，在双脚落地前双手甩绳过脚底。

学习难点：正摇单摇前踢腿跳的节奏转换和动作协调连贯。

器材场地

器材包括智能跳绳终端、手机、手机架、跳绳、跳绳垫、笔，场地为空地、家庭客厅或阳台等。

安全措施

（1）学练前评估自己身体状况是否适宜参加剧烈运动，否则暂缓练习本课内容。

（2）学练正摇单摇前踢腿跳先做好充分的全身热身活动，特别是踝关节、膝关节、髋关节、肩关节的活动。

（3）检查跳绳学练场所是否有障碍物等安全隐患，周围至少2米范围内无障碍物等。

（4）学练过程中，如出现明显不是因为运动疲劳导致的身体不适感，应立即停止练习，并向教师、家长、同学寻求帮助。

"学练赛"方法

学：先观看智能跳绳平台的示范视频，第一次原地跳跃，右小腿后勾，左脚落地。第二次跳跃，右小腿前踢。第三次跳跃，右腿收回落地同时左小腿后勾。第四次跳跃，左小腿前踢，最后跳跃收回。脚步熟练后，即可带绳练习，每一次跳跃都是绳子过脚的时机。当该动作按照稳定的节奏能完成1个八拍以上不失误时，再进入练习环节。

练：自己喊节奏性口令或播放智能跳绳系统内背景音乐，按照音乐的节奏练习正摇单摇前踢腿跳等动作。每组2个八拍，完成4组。

赛：正摇单摇前踢腿跳完成度比赛，每组连续4个八拍，完成4组，看失误2次及以下的有多少组。失误2次及以下为合格。

智能跳绳运用点

观看系统内示范视频，模仿系统示范动作练习，查看练习过程录像，分析自己的动作，找出失误的原因。分析正摇单摇前踢腿跳动作记录，根据配速数据分析自己的技术。

自我评价

内容	正摇单摇前踢腿跳	完成情况
合格标准	正摇单摇前踢腿跳组合动作4个八拍失误少于2次	

后续计划

练习内容		练习时间	年　月　日
练习组数			
持续时间			
教师或家长确认			

第四节 智能跳绳亲子跳绳

练习 1 一带一正摇并脚跳

学习目标

运动能力：积极参与一带一正摇并脚跳学练，形成花样跳绳运动兴趣。掌握一带一正摇并脚跳的基本知识和技战术，并能在线上线下展示或比赛中运用；体能水平显著提高；运用比赛规则指导自己参加展示或比赛。

健康行为：理解花样跳绳对健康的重要性，主动参与校内外花样跳绳锻炼。将花样跳绳学练形成的健康与安全的知识和技能运用于日常生活中；在一带一正摇并脚跳学练、展示或比赛中遭受挫折和失败时保持情绪稳定。与父母或同伴合作完成练习的能力提升，适应利用智能跳绳比赛的能力增强。

体育品德：在一带一正摇并脚跳学练或比赛中能迎难而上，表现出自信和抗挫折能力。遵守比赛规范和规则，具有团队精神和集体意识，能接受比赛结果。

学习内容

主要内容：一带一正摇并脚跳。
拓展内容：改变方向的一带一正摇并脚跳。

学习重难点

学习重点：两人连续跳跃的技术及节奏。

学习难点：两人连续跳跃的技术及节奏协同一致，并保持尽可能长时间。

器材场地

器材包括智能跳绳终端、手机、手机架、跳绳、跳绳垫、笔，场地为操场、客厅或平整的地面。

安全措施

（1）学练前评估身体状况是否适宜参加剧烈运动，否则暂缓练习本课内容。

（2）学练一带一正摇并脚跳前先做好充分的热身活动，特别是踝关节、膝关节、髋关节、肩关节的活动。

（3）检查跳绳学练场所是否有障碍物等安全隐患，周围至少2米范围内无障碍物等。

（4）学练过程中，如出现明显不是因为运动疲劳导致的身体不适感，应立即停止练习，并向教师、家长、同学寻求帮助。

（5）两人合作练习时，双方站位稍错开，以免两人膝盖碰撞。

"学练赛"方法

学：先观看智能跳绳平台的一带一正摇并脚跳示范视频，带人者持绳，两人协调配合，绳子同时过两人身体即为完成一个动作，两人面对面站立，也可同向站立，跳绳者位于带跳绳者体前或体后，可单摇跳或双摇跳，接着合作体验一带一正摇并脚跳技术及节奏，每组20~30次，完成1~2组后进入练习环节。

练：播放智能跳绳系统内背景音乐，按照音乐的节奏练习一带一正摇并脚跳。每组40~50次，完成2~3组，组间休息120秒。

赛：持续完成一带一正摇并脚跳的次数。一次性连续完成一带一正摇并脚跳 30 次不失误即为合格。

智能跳绳运用点

记录跳绳练习过程，查看练习过程录像，分析技术动作；查看跳绳过程各阶段数据，分析体力分配技术；计时和播放适宜情境的音乐。

自我评价

内容	一带一正摇并脚跳	完成情况
合格标准	一次性连续完成一带一正摇并脚跳 30 次不失误即为合格	

后续计划

练习内容		练习时间	年 月 日
练习组数			
持续时间			
教师或家长确认			

练习 2 两人一绳左右并排同步跳

学习目标

运动能力：积极参与两人一绳左右并排同步跳学练，形成花样跳绳运动兴趣。掌握两人一绳左右并排同步跳的基本知识和技战术，并能在线上线下展示或比赛中运用；体能水平显著提高；运用比赛规则指导自己参加展示或比赛。

健康行为：理解花样跳绳对健康的重要性，主动参与校内外两人一绳左右并排同步跳锻炼；将花样跳绳学练形成的健康与安全的知识和技能运用于日常生活中；在两人一绳左右并排同步跳学练、展示或比赛中遭受挫折和失败时保持情绪稳定；与父母或同伴合作完成练习的能力提升，适应利用智能跳绳比赛的能力增强。

体育品德：在两人一绳左右并排同步跳学练或比赛中能迎难而上，表现出自信和抗挫折能力。遵守比赛规范和规则，具有团队精神和集体意识，能接受比赛结果。

学习内容

主要内容：两人一绳左右并排同步跳。

拓展内容：一带一正摇并脚跳＋两人一绳左右并排同步跳。

学习重难点

学习重点：两人连续跳跃的时机一致，摇绳节奏一致。

学习难点：两人连续跳跃的技术及节奏协同一致，摇绳节奏与跳跃节奏一致并保持尽可能长时间。

器材场地

器材包括智能跳绳终端、手机、手机架、跳绳、跳绳垫、笔，场地为操场、客厅或平整的地面。

安全措施

（1）学练前评估身体状况是否适宜参加剧烈运动，否则暂缓练习本课内容。

（2）学练两人一绳左右并排同步跳前先做好充分的热身活动，特别是踝关节、膝关节、髋关节、肩关节的活动。

（3）检查跳绳学练场所是否有障碍物等安全隐患，周围至少2米范围内无障碍物等。

（4）学练过程中，如出现明显不是因为运动疲劳导致的身体不适感，应立即停止练习，并向教师、家长、同学寻求帮助。

（5）两人合作练习时，双方均需保持相对固定的位置。

"学练赛"方法

学：先观看智能跳绳平台的两人一绳左右并排同步跳示范视频，再合作体验两人一绳左右并排同步跳的技术及节奏，每组20~30次，完成1~2组后进入练习环节。

练：播放智能跳绳系统内背景音乐，按照音乐的节奏练习两人一绳左右并排同步跳。每组30~40次，完成2~3组，组间休息120秒。

赛：挑战持续完成两人一绳左右并排同步跳的次数。一次性连续完成20次不失误即为合格。

智能跳绳运用点

记录跳绳练习过程，查看练习过程录像，分析技术动作；查看跳绳过程各阶段数据，分析体力分配技术；计时和播放适宜情境的音乐。

自我评价

内容	两人一绳左右并排同步跳	完成情况
合格标准	一次性连续完成两人一绳左右并排同步跳20次不失误即为合格	

后续计划

练习内容		练习时间	年 月 日
练习组数			
持续时间			
教师或家长确认			

练习3 三人一绳单摇跳

学习目标

运动能力：积极参与三人一绳单摇跳学练，形成花样跳绳运动兴趣。掌握三人一绳单摇跳的基本知识和技战术，并能在线上线下展示或比赛中运用；体能水平显著提高；运用比赛规则指导自己参加展示或比赛。

健康行为：理解花样跳绳对健康的重要性，主动参与校内外三人一绳单摇跳锻炼；将花样跳绳学练形成的健康与安全的知识和技能运用于日常生活中；在三人一绳单摇跳学练、展示或比赛中遭受挫折和失败时保持情绪稳定；与父母或同伴合作完成练习的能力提升，适应利用智能跳绳比赛的能力增强。

体育品德：在三人一绳单摇跳的学练或比赛中能迎难而上，表现出自信和抗挫折能力。遵守比赛规范和规则，具有团队精神和集体意识，能接受比赛结果。

学习内容

主要内容：三人一绳单摇跳。

拓展内容：一带一正摇跳 + 三人一绳单摇跳。

学习重难点

学习重点：三人连续跳跃的时机一致，摇绳节奏与跳跃节奏一致。

学习难点：三人连续跳跃的动作连贯协调。

器材场地

器材包括智能跳绳终端、手机、手机架、跳绳、跳绳垫、笔，场地为操场、客厅或平整的地面。

安全措施

（1）学练前评估身体状况是否适宜参加剧烈运动，否则暂缓练习本课内容。

（2）学练三人一绳单摇跳前先做好充分的热身活动，特别是踝关节、膝关节、髋关节、肩关节的活动。

（3）检查跳绳学练场所是否有障碍物等安全隐患，周围至少 2 米范围内无障碍物等。

（4）学练过程中，如出现明显不是因为运动疲劳导致的身体不适感，应立即停止练习，并向教师、家长、同学寻求帮助。

（5）三人合作练习时，三方均需保持相对固定的位置。

"学练赛"方法

学：先观看智能跳绳平台的三人一绳单摇跳示范视频，再合作体验三人一绳单摇跳的技术及节奏，每组 6~10 次，完成 1~2 组后进入练习环节。

练：播放智能跳绳系统内背景音乐，按照音乐的节奏练习三人一绳单摇跳。每组 8~10 次，完成 2~3 组，组间休息 120 秒。

赛：挑战持续完成三人一绳单摇跳的次数。一次性连续完成 8 次不失误即为合格。

智能跳绳运用点

记录跳绳练习过程，查看练习过程录像，分析技术动作；查看跳绳过程各阶段数据，分析体力分配技术；计时和播放适宜情境的音乐。

自我评价

内容	三人一绳单摇跳	完成情况
合格标准	一次性连续完成三人一绳单摇跳8次不失误即为合格	

后续计划

练习内容		练习时间	年 月 日
练习组数			
持续时间			
教师或家长确认			

练习4 三角形站位套人跳

学习目标

运动能力：积极参与三角形站位套人跳学练，形成花样跳绳运动兴趣。掌握三角形站位套人跳的基本知识和技战术，并能在线上线下展示或比赛中运用；运用比赛规则指导自己参加展示或比赛。

健康行为：理解花样跳绳对健康的重要性，主动参与校内外三角形站位套人跳锻炼；将花样跳绳学练形成的健康与安全的知识和技能运用于日常生活中；在三角形站位套人跳学练、展示或比赛中遭受挫折和失败时保持情绪稳定；与父母或同伴合作完成练习的能力提升，适应利用智能跳绳比赛的能力增强。

体育品德：在三角形站位套人跳学练或比赛中能迎难而上，表现出自信和抗挫折能力。遵守比赛规范和规则，具有团队精神和集体意识，能接受比赛结果。

学习内容
主要内容：三角形站位套人跳。

拓展内容：三人一绳跳＋三角形站位套人跳。

学习重难点
学习重点：摇绳套人准确，起跳时机准确。

学习难点：摇绳者与跳绳者互相配合，跳跃节奏连贯。

器材场地
器材包括智能跳绳终端、手机、手机架、跳绳、跳绳垫、笔，场地为操场、客厅或平整的地面。

安全措施
（1）学练前评估身体状况是否适宜参加剧烈运动，否则暂缓练习本课内容。

（2）学练三角形站位套人跳前先做好充分的热身活动，特别是踝关节、膝关节、髋关节、肩关节的活动。

（3）检查跳绳学练场所是否有障碍物等安全隐患，周围至少2米范围内无障碍物等。

（4）学练过程中，如出现明显不是因为运动疲劳导致的身体不适感，应立即停止练习，并向教师、家长、同学寻求帮助。

（5）三人合作练习时，均需保持相对固定的位置。

"学练赛"方法
学：先观看智能跳绳平台的三角形站位套人跳示范视频。一人双手持绳，与另外两位练习者相距一米面对面站立。持绳者依次与两位练习者同跳一根绳，体验三角形站位套人跳的技术及配合，每组10~12次，完成

1~2 组后进入练习环节。

练：播放智能跳绳系统内背景音乐，按照音乐的节奏练习三角形站位套人跳。每组 10~12 次，完成 2~3 组，组间休息 90 秒。

赛：挑战持续完成三角形站位套人跳的次数。一次性连续完成 5 次不失误即为合格。

智能跳绳运用点

记录跳绳练习过程，查看练习过程录像，分析技术动作；查看跳绳过程各阶段数据，分析体力分配技术；计时和播放适宜情境的音乐。

自我评价

内容	三角形站位套人跳	完成情况
合格标准	一次性连续完成三角形站位套人跳 5 次不失误即为合格	

后续计划

练习内容		练习时间	年 月 日
练习组数			
持续时间			
教师或家长确认			

第五节 花样跳绳动作解析与游戏

前文已介绍了 14 个常用的跳绳技术,能够满足绝大多数学生在校内外进行锻炼的需求。本节将更为详细和系统地介绍跳绳的基本动作和游戏,便于练习者进一步提升跳绳能力以及家长和教师选择教学内容。

一、花样跳绳动作解析

前摇:两手持绳放于体后并向前摆动,双脚并拢跳跃过绳,绳子绕过身体一周,一摇一跳,完成并脚跳。

后摇:两手持绳放于体前并向后摇动,双脚并拢跳跃过绳,绳子绕过身体一周,一摇一跳完成并脚跳。

开合跳:绳子持绳向前摇,当绳子过脚置于空中时,两脚起跳呈左右开立状态后落地,当绳子再次过脚置于空中时,两脚起跳呈并脚状态,一拍一动,完成开合跳。

左右摆绳:两手臂向前摇绳至身体一侧摆动,绳子不过脚;接着摇绳至身体另外一侧摆动,完成左右摆绳。

并脚左右跳:两手持绳向前摇,当绳子下落至体前时,两脚发力向左、右侧起跳,使双脚并拢跳过绳子,落地时双脚置于身体重心左、右侧,一拍一动,完成并脚左右跳动作。

弓步跳:两手持绳向前摇,当绳子过脚置于空中时,两脚起跳呈前后弓步状态落地。当绳子再次过脚置于空中时，两脚起跳完成并脚状态后落地，一拍一动，完成弓步跳。

勾脚点地跳：两手臂向前摇绳，过绳后其中一条腿勾脚向前并以脚跟落地，随后双脚并拢跳过绳子一次；反之，交换另外一条腿做同样动作，一拍一动，完成勾脚点地跳。

双脚交换跳：两手持绳向前摇一次绳，两脚依次抬腿跳跃过绳，连续单脚交换跳跃过绳。一摇一跳，完成双脚交换跳。

前交叉跳：预备姿势为两手持绳放于身体两侧，第一拍为向前摇绳，两手交叉于腹前，随之并脚跳过呈交叉状态的绳子，第二拍为两手将绳子打开随之并脚跳过呈直摇状态的绳子。

后交叉跳：预备姿势为两手持绳放于身体两侧。第一拍为向后摇绳，两手交叉于背后腰部，随之并脚跳过呈交叉状态的绳子，第二拍为两手将绳子打开随之并脚跳过呈直摇状态的绳子。

前踢腿跳：第一次原地跳跃，右小腿后勾，左脚落地。第二次跳跃，右小腿前踢。第三次跳跃，右腿收回落地同时左小腿后勾。第四次跳跃，左小腿前踢，最后跳跃收回。脚步熟练后，即可带绳练习，每一次跳跃都是绳子过脚的时机。

提膝跳：在基本摇绳姿势的前提下，摇绳过脚同时一腿做提膝动作，支撑腿跳起后伸直，再次跳跃过绳后两脚并拢落地，两脚交替进行练习。

剪刀跳：并脚开始，双脚跳起绳子过脚后，左脚或右脚向前呈一脚在前一脚在后的剪刀式状态落地，当下一次绳子过脚时换一只脚在前，另一只脚在后，每一次起跳过脚双脚前后交换一次。

钟摆跳：两手持绳向前摇，当绳子过脚时，一条腿向外侧摆动。跳跃过绳后悬停于空中，同时另外一条支撑腿跳跃过绳后以单脚落地，一拍一动，完成左右钟摆跳。

侧摆并脚跳：两手持绳向身体一侧摆绳，再向身体另一侧摆绳时两手打开呈直摇姿态，双脚并拢跳跃过绳，完成一个左右侧摆的直摇跳绳动作。

前后转换跳：分两手持绳完成后侧打，身体随之向后转体180度，转后摇跳的动作姿态，完成一次后摇跳；后摇跳时当绳子摆至身前最高点时，身体迅速向任意一侧转体180度还原成前摇跳，完成前后转换跳。

前后摆绳：两手臂向前摇绳至体前摆动，绳子不过脚，接着摇绳至体后摆动，完成前后摆绳。

提膝点地跳：两手持绳向前摇，第一拍当绳子过脚时，一只脚扣脚提膝，第二拍提膝脚侧点地，第三拍还原成提膝，第四拍为并脚跳跃过绳，另一条腿遵循以上顺序完成提膝点地跳。

侧摆交叉跳：第一拍为两手向前摇绳摆动至身体一侧（以向右侧打为例），左臂贴住腹部，左手在身体右侧配合右手在右侧甩绳，第二拍为摆绳外侧手（右手）向身体内侧交叉，两手呈基本交叉摇绳后跳跃过绳。

交替交叉跳：预备姿势为两手持绳放于体后，第一拍为两手向前交叉摇绳并起跳过绳，第二拍为过绳后双手在体前完成交叉换手，交叉摇绳后进行第二次交叉跳。

前后交叉跳：两手持绳，第一拍为两手向一侧摆绳，第二拍为摆绳内侧手置于身体异侧前方摇绳，同时另外一只手置于身体异侧背后摇绳，随后起跳过绳，形成一手腹前一手背后的交叉跳绳状态。

背后交叉跳：两手持绳向前摇，当绳子过脚时，双手同时向背后进行交叉摇绳动作，当再次起跳过绳时，身体要跳过双手在背后交叉摇动的绳子。

膝后交叉跳：向前摇绳同时身体重心下降，其中一只手置于身体异侧的背后，另外一只手置于身体异侧的膝后，形成双手置于躯干和下肢不同位置的交叉摇绳状态，随后两脚并拢跳跃过绳。

同侧胯下跳：两手向前摇绳，其中一只手放于身体同侧抬起的一条腿下摇绳，同时另外一侧的支撑脚跳跃过绳，完成同侧手胯下跳绳的动作，动作结束时胯下摇绳手向另一侧摆绳同时落地。

异侧胯下交叉跳：两手向前摇绳，一侧腿向前上方抬起，同时位于抬腿异侧的手放于膝下，同侧手交叉在异侧腰齐平外侧，两手呈抱腿交叉的摇绳动作，当支撑脚完成第一次跳跃过绳，绳子由身后摇至身前时打开绳子，支撑脚准备下一次跳跃过绳。

腿脚部缠绕：两手持绳将绳子踩在并拢的双脚下，右脚经过绳子前方由外向内做缠绕绳子的动作一圈（右脚缠绕绳），随后左手经头上以逆时针方向将绳子顺势解开并踩在左脚下。

基本抛接绳：正摇单摇并脚跳为准备动作，动作开始后一只手抛放绳子并使绳柄置于地上或空中，持绳手向前上方做提拉的动作，另一只手顺势抓住飞来的绳柄。

螺旋抛接绳：单手（以右手为例）握住其中一根绳柄，另一绳柄置于地上。右手握住手柄顺时针画圈，挥动整个手臂画大圈，此时绳子会在身前呈 U 形顺时针旋转，弧度稳定后加快转的速度，慢慢把绳转到身体的侧前方。接绳柄时，当绳柄摇至 12 点钟方向即圆的最顶端时，握绳柄的手稍稍往外轻拉绳，同时另外一只手接住绳柄。

手臂缠绕绳：两手持绳向前摇，摇至身体一侧（以右边为例），将绳子顺势缠绕至左前臂一圈，随后两手臂再摆至身体另外一侧，并向前摆动所缠绕的绳子两圈将绳子解开。

基本双摇跳：两手用力向前摇绳（或向后摇绳），双脚同时起跳，每跳起一次，绳子经头顶通过脚下绕身体旋转两周。

固定交叉双摇跳：两手持绳为准备动作，当两脚起跳腾空时，两手做两次连续的交叉摇绳，使绳子在身体腾空过程中纵向绕过身体两周完成此动作。

俯卧撑跳：向前摇跳绳，当绳子过头顶上方时，体前屈下蹲，绳子向前平铺于地面做一次俯卧撑，收回两腿呈体前屈下蹲状，直立身体并脚完成一次直摇跳。

踢腿跳：第一拍，向前摇一次，提左膝，大腿与地面平行，小腿自然下垂，做提膝跳动作。第二拍做一次直摇并脚跳动作。第三拍向前摇，同时左腿做一次踢腿跳动作，将大腿伸直和抬平，脚尖向前绷直。第四拍向前做一次并脚跳还原成直立状态。

一带一跳：带人者持绳，两人协调配合，绳子同时过两人身体即为完成一个动作，两人面对面站立，也可同向站立，跳绳者位于带跳绳者体前或体后，可单摇跳或双摇跳。

两人一绳并排跳：两人并排站立各握一绳柄，将绳子置于两人身后，两人同时摇动绳子并跳跃过绳。

二、跳绳游戏

跳"8"字绳游戏组织及规则：摇绳的两人面对面相距 3 米站立，各握一绳柄，将绳子摇成一个椭圆。跳绳者从正方向进绳时，观察摇绳打地瞬间跳进绳子正中间，等待绳子下落打地完成起跳；跳绳者从反方向进绳时，观察摇绳至最高点瞬间跳进绳正中间完成跳绳，跳过绳后迅速沿直线跑出绳。所有跳绳者绕"8"字进行跳绳，前后队员依次跟上。

集体跳十字绳游戏组织及规则：摇绳者四人摇两条绳，其中两人摇一条长绳，相互手持一绳面对面站立，使两条绳呈十字形的静止状态。动作开始，四人同时向跳绳者准备进绳的前进方向节奏均匀地上下摇绳。跳绳者观察十字绳摇至最高点时，迅速跑至正在下落的十字绳的中点位置起跳过绳。

跳网绳游戏组织及规则：摇绳者六人或六人以上摇三条或三条以上的长绳，摇绳者分两人一组，每组两人相互手持一绳面对面站立，使三条长绳呈米字形或三条以上的绳子形成网形上下依次相叠放置的静止状态。动作开始时，摇绳者同时向跳绳者进绳的前进方向摇动长绳。跳绳者观察网绳待其摇至最高点时，迅速跑至正在下落的网绳中点位置起跳过绳。

跳三角绳游戏组织及规则：摇绳者三人摇三条绳，三人相互持一绳面对面站立，使三条绳子呈三角形的静止状态。动作开始时，三人同时向内（向外）摇动绳子。跳绳者若干名，分别站在三角绳的周围或绳中，三角绳换位跳的方法是跳绳者跳过脚下的绳后迅速跑至正对面任意一条摇动的绳子中点位置再次起跳过绳。

跳冲浪绳游戏组织及规则：摇绳者两人面对面站立，相互手持一条长绳，使长绳呈一字形的静止状态。动作开始时，两人同时向跳绳者准备进绳的对面方向节奏均匀地上下摇动绳子。为了增加难度和提高兴趣，此动作也可设置平行放置的两条或两条以上的多排冲浪绳，其中每组摇绳者前后间距至少保持三米。跳绳者排成一路纵队，面对长绳。跳绳者待长绳摇至最高点时，迅速跳起并跨过正在下落的绳子。

长绳绳中绳游戏组织及规则：两人摇一条长绳，单人摇一条短绳，其余若干人在长绳中徒手跳绳。动作开始持长绳者首先摇动绳子，持短绳者和其他徒手跳绳者可以在长绳中直接跳起，在长绳中持短绳者摇动单人绳，与徒手跳绳者进行各种形式的单人绳套人配合动作。

绳子过河游戏组织及规则：学生平均分成若干组，每组选两名同学手持一根跳绳，两人相对站立，跳绳者排成一路纵队。游戏开始，两名持绳者同时拉绳向本组跳绳者队尾跑去，跳绳者依次跳过绳后转身，持绳者又从队尾向本组排头拉绳继续游戏，看哪组率先完成。

绳子闯关游戏组织及规则：学生平均分成若干组，每组选两名同学手持一根跳绳，两人相对站立。跳绳者排成一路纵队。两名持绳者同时抬高放低绳，先是抬到膝关节的高度，然后抬到腰的高度。跳绳者依次碰到高绳跳过去，碰到低绳就钻过去，看哪组率先完成。

跳绳接力赛游戏组织及规则：学生平均分成若干组，一组分成两批，一批在起点，一批在终点。听到开始口令，起点处排头学生采用直摇跳绳的方式向队友跑去，到达终点后，队友立即接过跳绳，采用同样的方式跑向起点，依次进行，看哪组最先完成。

踩小蛇游戏组织及规则：两人一组，一人手握绳子一端，贴着地面不停地抖动绳子，变成游动的"小蛇"，另一人尽力去踩住绳子另一端。

石头剪刀布游戏组织及规则：两人为一搭档，石头即并脚跳、剪刀即弓步跳、布即开合跳；石头胜剪刀、剪刀胜布，布胜石头。两人各持一根绳同时做动作，进行 10 次，胜的次数多者为赢。

袋鼠跳绳游戏组织及规则：学生平均分成若干组，每组队员平均分为两批，一批在起点，一批在终点。游戏开始后，第一人必须两脚踩住绳子，双手手持绳柄，像袋鼠一样跳向终点的队友，到达终点后，队友立即接过跳绳，以同样的方式跳向起点，依次进行，直到所有队员做过一次。

穿梭跳绳猜拳游戏组织及规则：学生平均分成若干组，每组两名同学手持一根长绳，两人相对站立，两跳绳者用长绳边跳绳边进行猜拳游戏，猜拳输的人就出去，下一位同学进去，依次进行。

跳绳捡沙包游戏组织及规则：学生平均分成若干组，每组两名摇绳者手持一根长绳，面对面相距 3 米站立，跳绳者手持沙包跳入绳中，跳绳过程中把沙包放地上，下一名跳绳者跳进绳中捡起沙包，随后跳出将沙包交给下一位准备跳绳的同学手中，以此循环进行游戏，规定时间里看哪组配合完成捡起沙包的次数最多。

　　跳绳抛接球游戏组织及规则：学生平均分成若干组，每组两名摇绳者手持一根长绳，面对面相距 3 米站立，两名跳绳者分别在两名摇绳者身旁站立，其中一名跳绳者手持一个软式排球。游戏开始，摇绳者摇绳时两名跳绳者同时进入绳中起跳，规定时间内看哪组进行抛接球次数最多。

第六节 智能跳绳课堂教学设计

课程一 "单脚交换跳绳"教学设计

1. 教学指导思想及教育理念

根据《义务教育体育与健康课程标准》的精神，针对本年级学生的心理和生理特点，本课以培养学生的观察、自主学习、合作学习能力为核心，以短绳为媒体，以方法为桥梁，采用智能跳绳、心率监控设备、一体机、摄像设备等教育信息化设备，提高课堂效率和趣味性、科学性，激励学生主动参与，充分发挥学生的主体作用，使每个学生在认知上、情感上和态度上积极发展，增进交流与合作，培养学生的合作意识，使之终身受益。同时构建民主和谐、宽松愉悦的课堂氛围，让学生从学会观察逐步走向独立学习、合作学习，从而发展学生的个性，使学生在德、智、体等方面得到全面发展，使学生养成自我锻炼身体的习惯，树立"健康第一"的体育指导思想，为终身体育打下坚实基础。利用诗词的韵律节奏培养摇绳与起跳换脚支撑的节奏感，充分体现我校用传统文化育人的特色。

2. 教学内容

（1）复习单脚交换跳绳——纠正后勾脚和卡绳现象。

（2）交换跳绳速度竞赛。

3. 学情分析

（1）五年级1班，40人，班风良好，运动能力较好。

（2）本班学生比较喜欢跳绳运动，已初步掌握交换脚跳绳技术。

（3）五年级已基本掌握简单的几种跳短绳的方法。

（4）学生情况参差不齐，有个别学生已较为熟练地掌握换脚跳绳技术，但大多数学生会出现勾脚、单车步、后仰和断绳等问题，导致跳绳速度上不去。

（5）学生的知识面较丰富，多以直观形象思维为主。

4. 课程分析

（1）本课程要求较高，需要手脚协调配合，手、脚、脑并用可以很好地发展学生的速度素质、灵敏素质、小腿力量素质。

（2）本课程适合男、女生心理和生理特点，难度适中。跳绳过程中的记数要求，可以很好地发展学生的专注能力。

（3）本课程可操作性和趣味性很强，可以让学生清楚地看到付出努力所取得的进步，是帮助学生建立自我效能感的典型课程，能为学生的终身体育打下基础。

5. 教学目标

（1）认知目标：①巩固跳短绳的基本技术和方法；②进一步提高双脚交换跳短绳的技术和速度；③掌握游戏的方法和规则。

（2）能力目标：①发展学生快速跳短绳的能力以及摇、跳之间的协调能力；②发展弹跳和协调性等身体素质；③激发学生主动参与体育的兴趣，培养学生的观察能力、思考能力、表达能力、表现力、探究力。

（3）情感目标：增进学生之间的相互交流，培养学生团结协作的精神以及对传统文化的认同和热爱。

6. 教学重点
小腿不发力，向上提膝，脚尖朝前。

7. 教学难点
摇绳速度与两脚交换跳的时机的协调配合，快速、协调地连贯跳绳。

8. 教学模式和流程
（1）教学模式：学、练、赛、评教学模式。

（2）教学流程：慢跑和徒手热身动作—交换脚跳绳辅助动作—纠错提质—"绳动争霸赛"—拉伸放松。

9. 创新特色
（1）一绳贯穿全课，有效地解决了学生活动需要与场地、器材、教材、师生关系间的矛盾。

（2）智能跳绳对全班学生成绩的高效统计、直观显示以及分组竞赛功能是普通跳绳无法比拟的，还可以对学生每一段练习时间的跳绳总数进行记录，更好地掌握学生的跳绳总量；心率监控设备对学生准备活动和运动过程进行实时监控；一体机的多媒体直观教学，提高了课堂的趣味性和教学效率。摄像反馈可以帮助学生直观地修正动作，符合学生直观思维的身心特点。

（3）利用古诗词的韵律节奏，培养学生摇绳和起跳换脚支撑的节奏感觉，提高学生的语言表达能力和对传统文化的热爱。

（4）学生的活动由各小组长负责，选出一首同学们喜欢的诗，组长给

"单脚交换跳绳"教学设计

课程内容	教学目标	教学方法
跳短绳：单脚跳。 动作方法：两手握绳的两端，由后向前摇绳，当绳摇起将要着地时，单脚跳起，使绳子从单脚下滑过。 教学重点：摇绳的速度与起跳的节奏相吻合。 教学难点：上下肢动作协调配合，动作连贯。 动作要求：双脚并拢，脚前掌着地。	(1) 掌握单脚连续跳短绳的动作方法，提高学生跳绳能力，为学习左右脚交换跳短绳打好基础。 (2) 发展学生的弹跳力、协调性及灵敏性。 (3) 养成相互鼓励、共同学习的好品质。	(1) 教师组织学生集体复习连续并脚跳短绳的动作方法。 (2) 教师讲解单脚跳短绳的动作方法并示范。 (3) 教师带领学生集体感受单脚跳短绳的动作方法。 (4) 学生一人一绳，两人一组自由练习单脚跳短绳。 (5) 教师点评学生练习情况。
跳短绳：单脚交换跳。 动作方法：两手握绳的两端，由后向前摇绳，当绳摇起将要着地时，左（右）脚在前跨过后，接着绳子再次即将落地时，右（左）脚随即跳起，单脚轮流交换跳。 教学重点：摇绳的速度与起跳的节奏相吻合。 教学难点：在跳绳过程中单脚交替用脚前掌轻巧着地。	(1) 初步学习单脚交换跳短绳的动作方法，60% 的学生学会双手向前摇绳单脚交换跳的方法。 (2) 发展学生的弹跳力和协调性，提高换绳节奏能力。 (3) 养成相互鼓励、共同学习的好品质。	(1) 教师带领学生集体复习并脚跳短绳。 (2) 比一比：30 秒并脚跳短绳。 (3) 教师讲解示范单脚交换跳动作方法。 (4) 学生单手持对折短绳感受单脚交换跳。 (5) 听教师口令双手向前摇绳练习单个单脚跳，然后进行单脚跳交换。提示：学生随教师口令单脚起跳，节奏逐渐加快，腿则开始允许抬高。 (6) 向前摇绳单脚连续起跳练习。提示：一二排后转。 (7) 分组练习与教师巡视，及时纠正错误动作。 (8) 优生示范，普遍错误纠正。 (9) 集体再练习，教师巡视，及时纠正错误动作。 (10) 比一比：30 秒单脚交换跳短绳。
跳短绳：连续单脚交换跳。 动作方法：两手握绳的两端，由后向前摇绳，当绳摇起将要着地时，左（右）脚在前跨过后，接着绳子再次即将落地时，右（左）脚随即跳起，单脚轮流交换跳。 教学重点：小腿不发力，向上提膝，脚尖朝前。 教学难点：摇绳速度与两脚交换跳时的机会协调配合。	(1) 了解连续单脚交换跳绳以及后勾腿、单车步、后仰和弹绳现象的原因。 (2) 通过连续单脚交换跳的学习，减少失误，提高连续速度。 (3) 通过连续单脚交换跳的学习，培养学生的观察能力、思考能力、表现力、探究力。	(1) 膝盖交替触绳练习。 (2) 绳挂脖子，手持绳子两端，模拟换腿跳绳。 (3) 教师组织双手摇绳交换跳脚跳练习。 (4) 教师组织优生通过一体机或平板电脑拍摄跳绳观看比赛动作。 (5) 教师让学生通过一体机或平板电脑观看刚才的练习动作。 (6) 各小组利用平板电脑拍摄跳绳练习动作并讨论。 (7) 推选队长，互相学习，互相纠正错误动作。 (8) 使用智能跳绳进行 30 秒不断绳的挑战。 (9) 使用智能跳绳进行 100 下的目标抢夺。 (10) 使用智能跳绳 4×30 秒跳接力比赛。
跳短绳：单脚交换跳展示。 动作方法：两手握绳的两端，由后向前摇绳，当绳摇起将要着地时，左（右）脚在前跨过后，接着绳子再次即将落地时，右（左）脚随即跳起，单脚轮流交换跳。 动作要求：保证成功率，减少失误，相互鼓励。	(1) 了解减少失误和加快绳速度的训练方法。 (2) 发展学生弹跳力和协调能力，提高跳绳能力。 (3) 树立小组合作学习以及关爱伙伴的良好品质。	(1) 跳个数练习，小组全部达过，才能共同进步。 (2) 鼓励小组之间进行组际挑战，教师指导不断强调动作要领，又有合作评价（互助鼓励、共同进步、共同提高）。 (3) 鼓励小组内互相鼓励，相互帮助，共同进步。 (4) 师生共同评价，既有跳绳个数评价，又有跳绳接力比赛。

第 7 章 智能跳绳教学

《体育与健康》水平三 "单脚交换跳绳" 教案

教学目标	(1) 了解连续单脚交换跳绳后勾腿、高抬腿、单车步、断绳现象出现的原因。 (2) 通过连续单脚交换跳绳的学习减少失误，提高速度，提高协调性和小腿的力量。 (3) 通过连续单脚交换跳绳的学习培养学生的观察能力、思考能力、表达能力、探究力
教学内容	复习单脚交换跳绳—优化跳绳技术
教学资源	智能跳绳41条、扩音器设备1套、心率设备40个、一体机一台、平板电脑一台
教学流程	慢跑和徒手热身动作—交换脚跳绳辅助动作—纠错提质—"绳动争霸赛"—拉伸放松
教学重点	小腿不发力，向上提膝，脚尖朝前
教学难点	摇绳速度与两脚交换跳的时机的协调配合，快速、协调地连贯跳绳

顺序	时间	达成目标			教学内容	组织形式	学生学习		教师活动
		参与、技能、身体健康	心理、社会适应能力				学生活动	学习方式	
一	4分钟	调动学生积极性，进一步掌握单脚交换跳绳的辅助动作；充分热身	培养学生组织纪律性；提高学生的专注力和运动兴趣		(1) 教学常规。 (2) 热身：慢跑热身结合徒手动作：小碎步跑、高抬腿、侧踢腿、垫步提膝、开合跳、弓步换腿跳	四列队伍： ♀♀♀♂ ♀♀♀♂ ♀♀♀♂ ♀♀♀♂	(1) 集合、师生问好；队形变换。 (2) 进入音乐情境，根据指令练习，热身；可适当创编个人动作	自主练习	(1) 集合，宣布本次课内容与要求。 (2) 共同参与练习中。 (3) 组织学生热身操，通过心率设备查看学生热身情况
二	2分钟	为教学内容做好准备	发展学生自学的能力，培养学生对运动的兴趣和专注学习的品质		(1) 膝盖交替触绳练习。 (2) 绳挂脖子，手持绳子两端，模拟换腿跳绳动作。 (3) 双手摇空绳子辅助练习。	四列队伍： ♀♀♀♂ ♀♀♀♂ ♀♀♀♂ ♀♀♀♂	(1) 身体姿势保持屈膝前顷。 (2) 双手摇空绳子辅助练习。 (3) 认真练习，认真数次参加比赛	自主练习	(1) 用语言提示注意身体姿态和动作频率。 (2) 用语言提示注意学生练习时的间距；注意练习的节奏和安全。 (3) 提醒学生保持专注，保持跳绳速度，不能突然加速；教师拍摄学生的练习视频

智能跳绳指南：提升学业表现与改善感觉统合能力

续表

时间	教学目标	教学内容	队形	学生活动	教学方式	教师活动
三 21分钟	积极地参与体育课堂学习，主动参与跳绳的练习，发展学生的协调与小腿力量素质	(1)优生通过比赛展示正确动作。(2)观看学生本人的练习视频。(3)"挑战30秒不断绳"，小组全部过关（比成功率）。(4)推选队长，选择合适的诗歌（如《游子吟》）。学习利用IPAD进行互相学习，互相纠正错误动作	四列队伍：♀♀♀♂♂♂ ♀♀♀♂♂♂ ♀♀♂ 每一横排学生围成一个圆形进行练习	(1)会出现勾腿、高抬腿，身体晃动和卡绳的现象；在教师的引导下，积极思考正确的动作。(3)练习过程中通过观察和讨论找出小组同伴动作，发现问题。(4)使用平板电脑拍摄同伴动作，发现问题并提快提改正动作的练习方法	小组协助，模仿；自主学习，探究	(1)语言引导学生观察抬腿和半蹲屈膝的身体姿态。(2)引导学生将视频动作与优生的动作进行对比。(3)督促观察学生，练习过程中关注个性差异，注重安全教育；(4)引导学生选择队长和节奏合适的诗歌；集体指导与评价；使用智能跳绳计数和平板一体机投放比赛结果。(5)通过心率曲线引导看设备看学生参与度
四 8分钟	快乐地参与学习，主动参与比赛，减少勾脚、后仰、单车步，断绳出现的次数，提高跳绳速度；培养学生团结协作，吃苦耐劳的精神积极进取以及乐观开朗的品质	(1)进行30秒不断绳的挑战。(2)分别进行100下的目标抢夺。(3)4×30秒跳绳接力比赛。(4)根据《游子吟》诗歌的节奏练习跳绳		(1)认真进行比赛时间的挑战，争取不断绳，克服困难，体验并创造有效的方法。(2)争当霸主，在不断绳的前提下，跳得最快的学生冠军	小组竞赛，自主学习	(1)用语言引导和鼓励学生进行争霸赛。(2)讲解游戏规则：①设定挑战时间，过程不断绳，跳100下；②看谁最快完成4×30比；③比4×30秒完成的跳绳次数最多。(3)教师指导引导学生感恩父母的养育
五 5分钟	协调上、下肢力量，进行放松	(1)拉伸放松。(2)小结。(3)回收器材。(4)师生再见	♀♀♂ ♀♀♂ ♀♀♂	(1)乐于参与，共同享受快乐。(2)谈谈成功或失败的感受	小组协作	(1)配合语言引导，积极进行放松。(2)学生自我发言。(1)引导，让学生进行放松。(2)课堂小结。(3)合理评价
预计心律曲线						
教学反思						

群体练习密度：65%
预计平均心率：145±5次/分
练习强度：中上

诗定个节奏，共同实践、共同探究、合作学习、共同创新、促进学生相互间的交流和协作，跳出技术，跳出美感，跳出团结。

（5）复习课为学生准备了两个交换跳绳技术和速度提升的拓展学习视频，让学有余力和热爱跳绳的学生在课后进行拓展练习。

课程二 "两人合作跳绳" 教学设计

根据新课标，本课程以"立德树人、育人为本、健康第一"为指导思想，以体育课程的核心素养"身心健康、强健体魄"为课程依据，发展学生力量、灵敏性、协调性等身体素质，提高学生相互合作的能力，培养学生终身体育发展的意识。

1. 课程分析

跳绳是小学生非常喜欢的一项体育运动。一至三年级的并脚跳绳技术和交换脚技术为本课程的学习打下坚实的基础。跳绳对发展学生的弹跳力、灵敏性、协调性等身体素质有积极作用，经常进行跳绳练习，可以提高反应能力和心肺功能。本课程可以很好地发展学生的合作精神，课程共分为三课时，本次课为第一次课。

2. 学情分析

本课程的授课对象是小学四年级学生，在一至三年级已经学习了并脚跳绳和交换脚跳绳。他们具有活泼好动、思想活跃、积极性高、模仿能力强等特点。根据这些特点，在教学中，教师将充分做好引导示范，因材施教。

3. 教学目标

认识目标：让学生建立两人合作跳绳的动作表象，知道两人合作跳绳的动作方法和练习顺序。

技能目标：在练习中，让85%以上的学生能够初步掌握两人合作跳绳的动作要领，发展学生弹跳力、协调能力和灵敏性。

情感目标：通过练习，培养学生相互合作、顽强拼搏、超越自我等良好意志品质。

4. 课程重难点

重点：把握两人摇绳的节奏和起跳时机。

难点：两人相互合作，连续跳绳。

5. 教学方法

主要采用提问法、讲解法、示范法、讨论法、游戏法、竞赛法等方法，逐步提高学生两人合作跳绳的技术，充分发挥教师的主导作用。

6. 学习方法

主要采用情境教学法、体验法、对比法、展示法、自主学习法、合作学习法、探究学习法、评价学习法等方法，让学生在运动中得到锻炼，从锻炼中获得快乐。

7. 教学过程

开始部分：队列队形和课堂常规，让学生明白课堂纪律与要求，为接下来的课堂做好铺垫。

准备部分：教师创设情景，引导学生进入动感课堂的情景当中，然后用音乐点燃学生的热情，让学生在音乐的节奏下做热身活动并进行"快快跳起来"小游戏，让学生做好充分的准备活动，并激发学生学习的热情和练习的积极性。

基本部分：在轻松欢快的音乐节奏下，将学生分成两人一个小组，并在指定位置站好，接着教师用口诀吸引学生注意，让学生跟着教师先学摇绳，用嘴巴数摇绳的次数，这个时候要用语言鼓励学生，增强他们的信心。然后学生原地跳绳，教师强调动作要领，纠正错误动作，学生反复多次练习，加强默契，培养同学之间的合作能力。最后再学进绳—跳绳—出绳，引导学生战胜自我、挑战自我、不断超越。体能素质练习是齐心协力游戏和 Tabata 体能素质练习。

结束部分：学生跟随老师一起做放松操，最后教师引导学生发挥想象，并布置课后作业、归还器材、师生行礼。

8. 场地与器材

场地：室内运动场一块。

器材：每人一根跳绳。

9. 课后反思

本课程具有很强的教育意义，因此在课程的结束环节，教师重点强调了同学之间合作的好处，让学生能够清晰认识到合作的重要性。同时，课程中也存在不足之处：在开始部分应该让学生发挥想象力，想象由哪些不同的两人合作跳绳，给学生自我展示、积极表现的舞台，充分发挥学生的自主性。

"两人合作跳绳"教学设计

教学目标：
（1）让学生积极主动参与学习和锻炼，体验跳绳运动的乐趣和成功。
（2）让学生初步掌握跳绳运动技能的知识和技能的方法，增强安全意识和防范能力，协调能力和灵敏性，塑造良好的体形和身体姿态，全面发展体能和健身能力。
（3）通过练习，培养学生坚强的意志品质，学会调控情绪的方法，形成合作意识与能力，养成良好的体育道德。

课次	教学内容	重难点	组织教法与措施	达成目标
第一次课	两人合作跳绳	重点：两人摇绳的节奏和起跳时机。难点：达成良好默契，连续跳绳	（1）采用兔子舞热身活动，"快快跳起来"小游戏让学生充分做好热身运动。 （2）通过跳绳定数赛、跳绳定数赛激发学生的学习热情和练习积极性。 （3）组织跳绳比赛开摇绳练习。 （4）学生练习合作摇绳。 （5）教师示范原地合作跳绳。 （6）学生练习合作跳绳。 （7）创编合作跳绳动作。 （8）多种形式跳绳比赛。 （9）课课练：齐心协力游戏和体能素质练习。 （10）评价、课后小结、布置课后作业。	（1）让学生学会两人合作摇绳的动作要领，知道练习方法。 （2）让学生能够连续跳30个以上，发展学生下肢力量和手脚协调能力。 （3）培养学生良好的合作意识
第二次课	两人合作面对面跳绳	重点：两人起跳的默契和节奏，要匀速摇绳。难点：采用不同的动作完成两人面对面跳绳动作	（1）情景导入："快乐家族"引导学生做热身运动。 （2）复习两人并排跳。 （3）学习两人面对面跳。 （4）讲解示范动作，并强调动作要领。 （5）学生分组练习。 （6）小组竞赛。 （7）游戏："跳绳接力"。 （8）课课练：横叉、纵叉、单脚支撑平衡。 （9）放松活动、课后小结、布置课后作业。	（1）发展学生速度、力量、耐力、灵敏性等素质。 （2）让学生两人面对面连续跳80次以上。 （3）培养挫折如何面对等心理素质，遇到挫折如何面对等心理素质
第三次课	两人或三人合作同时跳绳	重点：两人起跳的节奏。难点：手脚的协调配合以及两人之间的相互帮助	（1）复习两人并排先后跳。 （2）在此基础上，教师创设情景，引导学生讨论并排跳的方法和技巧。 （3）探究学习。 （4）讲解示范、摸仿练习。 （5）强化练习、学生示范。 （6）游戏："运骑队员"。 （7）课课练：毛毛虫爬、蚂蚁跳、兔子跳。 （8）评价、小结、布置课后作业	（1）通过示范讲解，建立正确的动作表象，知道练习顺序和方法。 （2）通过练习让学生学会两人合作三人连续跳50次以上，发展学生耐力。 （3）培养学生的兴趣和默契

《体育与健康》水平二 "两人合作跳绳" 教案

认识目标：让学生建立两人合作跳绳的动作表象，知道两人合作跳绳的动作方法和练习顺序。
技能目标：在练习中，让85%以上的学生能够初步掌握两人合作跳绳的动作要领，发展学生弹跳力、协调能力和灵敏性。
情感目标：通过练习，培养学生相互配合、顽强拼搏、超越自我等良好的意志品质。
(1) 两人合作轮换跳。
(2) 体能素质练习：齐心协力游戏和体能素质练习
重点：两人摇绳的节奏和默契，连续跳绳
难点：达成良好球场一块。
场地：室内球场一块。
器材：45根跳绳
(1) 安排好需要见习的学生。
(2) 天气较点，热身活动要做充分。
(3) 在整堂课中，要强调安全问题，避免学生发生意外事故
课堂常规和开场内容一热身活动（兔子舞、跳绳定数赛、"快快跳起来"小游戏）一学习摇绳一学习一人跳一学习两人摇和比赛一创编两人合作跳绳动作和比赛一课课练一放松活动一课后小结一回收器材

教学流程	达成目标	学习内容	组织形式	学生活动	教师活动	运动负荷		
						练习次数	练习时间	运动强度
开始部分	培养良好的纪律作风。明确本课程学习任务，集中注意力	师声问好，报告人数，宣布内容		(1) 快、静、齐集合。(2) 师生问好，课学习内容、目标及要求。(3) 精神饱满、认真练习	(1) 集合整队。(2) 清点人数。(3) 师生行礼。(4) 安排见习生。(5) 安全教育。(6) 宣布上课内容	1	1分钟	小
准备部分	使机体器官机能兴奋，为进入知识技术学习做好准备，激发学生学习热情	兔子舞热身活动、跳绳定数赛、小游戏"快快跳起来"（一人贴地甩绳一人跳）		(1) 学生模仿教师动作完成练习。(2) 认真听讲动作要求	(1) 听音乐节拍引导学生进行热身活动。(2) 语言提示，动作示范。(3) 语言激发学生的学习热情，调动学生学习积极性	1	5分钟	中

续表

部分	教学内容	图片	学生活动	教师活动	次数	时间	强度
基本部分	(1) 激发学生的学习兴趣和练习积极性。(2) 掌握摇绳技术动作要领。(3) 提高自信心。(4) 创编新的合作跳绳技术和比赛，鼓励学生积极参与。(5) 发展学生身体素质	(1) 情景导入：了解跳跃行走的动物。(2) 学习摇绳：①徒手摇；②用绳摇。(3) 一人跳，两人摇。(4) 多种合作跳绳技术和比赛。(5) 齐心协力游戏和Tabata音乐体能素质练习（绳子贴地向前移动，其他学生起跳躲避，绳子返回队下躲避）		听讲解，看示范	(1) 创设情景。(2) 引导学生。(3) 激发兴趣	1次	1分钟	小
			集体进行摇绳练习	(1) 讲解示范。(2) 纠错辅导。(3) 强调动作要领。(4) 语言提示	60次	3分钟	中
			集体进行一人跳、两人摇练习	(1) 讲解示范。(2) 分组练习。(3) 教师和优生纠错帮扶。(4) 鼓励学生积极参与	40次	6分钟	中
			集体进行两人合作跳绳创编并进行比赛	(1) 讲解示范。(2) 纠错辅导。(3) 强调安全。(4) 语言引导	60次	15分钟	大
			注意安全，遵守规则	(1) 讲解示范。(2) 强调安全	1次	2分钟	小
结束部分	(1) 通过课后总结引导学生自主思考，体验课堂学习的成就感，培养学生总结评价的能力。(2) 让学生心率逐渐恢复到课前的水平	(1) 放音乐"我们都是好孩子"做放松运动。(2) 集合整队，清点人数。(3) 总结本节课，布置作业，师生再见		(1) 跟老师认真做放松运动。(2) 认真听老师小结，反思自我。(3) 与老师再见。(4) 回收器材	(1) 教师领做放松运动，鼓励学生继续改进。(2) 总结课堂表现。(3) 布置课后作业。(4) 师生再见，回收器材	1	8分钟	小
			生理曲线图				

平均心率：140~145次/分。
强度指数（平均心率/安静心率）：1.5~1.7。
群体练习密度（练习时间/40）：60%~65%

第7章 智能跳绳教学

第 8 章

创新应用
智能平台进行育人

第一节 应用智能跳绳系统拓展数字教材资源

我国中小学数字教材自 2001 年规划、2002 年第一代电子教材问世起，已走过 20 余年的历程。2013 年前后，第二代"人教数字教材"在广东试点应用。"人教数字教材"以人民教育出版社出版的教科书为蓝本，添加配套多媒体资源与学习功能形成可交互式数字教材，包含面向不同终端的个人电脑版与平板电脑版。此后，数字教材的应用逐步规模化。2019 年，中共中央、国务院印发《中国教育现代化 2035》，旨在加强课程教材体系建设，科学规划大中小学课程，分类制定课程标准，充分利用现代信息技术，丰富并创新课程形式。从国家政策和内容建设情况来看，广东省中小学课堂规模化应用数字教材的基本条件已具备。2018 年，广东省教育厅启动实施"广东省义务教育阶段国家课程数字教材规模化应用全覆盖"项目，开始推进义务教育阶段数字教材的应用。研究表明，数字教材作为一种系统的数字化、媒体化的资源，目前试点多在经济发达地区，但经济欠发达地区也能用其有效地提高教育质量，深受教师认可。

一、科学应用数字教材，有助于将德育融入体育与健康教学

数字教材经历了三个发展阶段：第一阶段，重在尝试与探索教科书的数字化方式；第二阶段，强调将多媒体资源与数字教材融合；第三阶段，逐渐融合大数据、VR（虚拟现实）、人工智能等前沿技术，科技含量高成为其特征。可见，在不同阶段或从不同角度审视，数字教材有不同的内涵。以往体育与健康教材的数字化，主要指通过多媒体技术对传统体育与健康教材中的内容实施数字化处理，使传统纸质体育教材向适用于各类电子终端的互动性体育教材转化。改变体育与健康教材资源的数字化储存、处理等环节，促进体育与健康教材资源储存效率提高，降低资源储存的人工、物力、财力等成本，有利于体育与健康教材基础数据的形成，为体育教育后期教材信息处理和分析等提供便利，从而加快体育与健康教材资源开发与利用。目前，一些版本的《体育与健康》数字教材配备的资源虽然具有权威性，但从教学、育人等角度来看，还存在不足。从教学方面来看，照搬传统教材，将纸质内容直接数字化，会造成可读性不强、割裂文本的问题，在强调身体训练的体育与健康学科中难以适用。此外，目前体育与健康教学的主要形式是教师"教"、学生"学"，存在学生对知识需求多样与内容形式单一的矛盾。为使学生以饱满的状态学习知识，学校需要丰富影音资源，加强数字化平台建设。从育人的角度看，目前健康教育内容、德育内容与体育技能教学结合不够紧密，将德育内容融入体育与健康教材非常必要。当下信息技术高速发展，应用智能终端可拓展体育与健康数字教材资源的应用场域。我以跳绳运动为例，探索了如何基于数字教材引入智能跳绳系统，开发教师导学资源，优化学生跳绳数据分析平台、家校沟通平台，总结基于数字教材的全面发展育人策略，并付诸实践。

二、基于数字教材设计智能跳绳系统

1. 系统框架

如图 8-1 所示，基于数字教材的智能跳绳系统框架主要包括数据层、传输层、表示层三个部分。数据层是整个系统的内核与支架，包含数字教材资源库、基础数据与个性化数据，对教与学的实际应用起到重要的作用。基础数据指教师、学生及家长等主体的个人信息操作日志等。个性化数据指学生在日复一日的训练中积累的特征信息。数字教材资源库是系统的核心，是实现数字化、智能化体育与健康教学的关键。平台拓展了系统的使用场景，支持多用户群体使用。

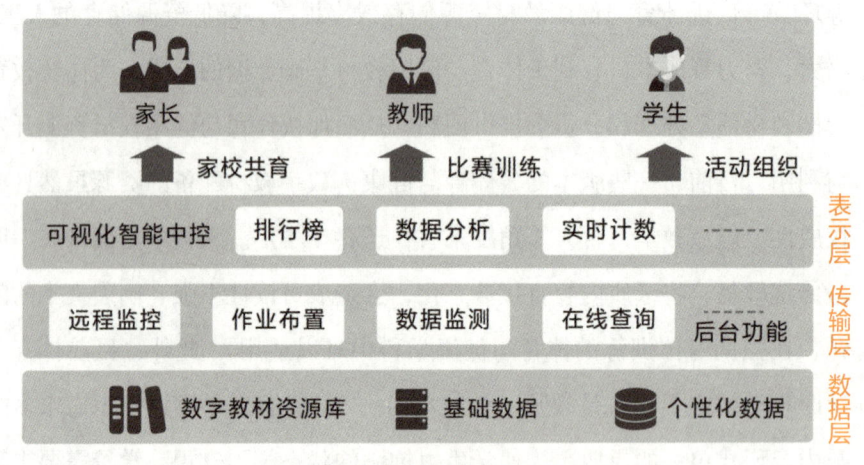

图 8-1　基于数字教材的智能跳绳系统设计

传输层是系统后台数据交换的场所，它利用底层各类数据，为有不同需求的角色提供服务。例如，为教师提供作业布置、数据监测服务，为家长和学生提供远程监控和在线查询服务。系统的表示层面向用户，最显著的特点便是具有可视化智能中控，以及结合硬件终端等新鲜的体育运动事物，使体育与健康数字教材更具可读性，教学内容与形式更丰富。排行榜、数据分析与实时计数等功能面板，高度整合了数字教材与学生个性化特征信息，对各类用户都具有较强的普适性，提高了活动组织、比赛训练与家校协同育人的便捷性，有利于激发学生与家长的运动热情。

2. 场景设计

（1）课前：在智能跳绳系统中，教师利用数字教材资源库中的视频、图像等设计导学资源，将各个体育与健康教材信息源之间的多重知识进行关联，引导学生了解前沿的体育运动知识，将学生难以理解的动作过程录成微课，上传到中教云数字课程教材云平台，让学生在课前预习较难的动作，为课堂教学提供支架，帮助运动能力差的学生理解较难的动作要领。这样可以弥补传统体育教材知识更新缓慢、形式单一的不足，拓宽学生的体育知识范围和视野。与此同时，将跳绳运动所要求的技术特征与运动轨迹等数据通过多媒体和大数据技术综合处理后，还能应用于学生的课程导学中。

（2）课中：数字教材的智能跳绳系统是基于物联网技术开发的，可与多个智能设备同步，不仅能满足一个班级的体能、跳绳训练需求，在智能化辅助下，教师能高效管理多人的实时训练，实施全面动态的数据统计及分析，而且能更科学地指导学生的训练，发布课下跳绳训练作业，追踪班级整体训练效果，做到因材施教。

（3）课外组织：智能跳绳运动可使教师增进与家长的交流，共同监督学生养成良好习惯。系统具备家庭作业、离线记录等功能。学生连上家长的手机等移动设备，将跳绳次数、作业完成率、时间等信息同步传输至家长。家长查看子女每日运动情况，全面了解其身体素质变化，这对学校课下延展教学工作有实质帮助。

三、基于智能跳绳的育人策略

跳绳是小学阶段体育教学的重要内容,也是国家学生体质健康测试的必测项目,具有全面的锻炼价值,形式多样,包含单人跳和多人跳,男女混合跳,有测速度的,也有比难度的,等级评测标准明确。学校通过召开家长会、班会等方式,向学生和家长宣讲跳绳的育人价值,带动学生积极参与活动,培养他们团结合作精神、规则意识和竞争意识。学校提高学生对跳绳运动的认识,是发掘体育与健康教学育人价值的基础。今天,智能化运动设备的种类非常多,充分利用智能化运动设备拓展数字教材资源,对学生体育与健康价值观的培育有重要作用。

1. 拓展数字教材资源,实现减负增效

有了微课资源、视频资源等的支撑,学生的学习途径和方式得到了拓展,课堂教学效率得到了提升。智能跳绳系统的数字教材及其中控系统具有强大的数据收集和分析能力。教师借助数字教材及其视频讲解知识,将精力集中于指导和组织学生练习,充分体现学生的主体地位。在智能跳绳中控系统的支持下,跳绳的人数、次数和时间等数据一目了然,教师不必花大量的时间统计分析。智能跳绳系统也能够对学生的运动技术进行反馈,推送大量的跳绳教学视频给学生观看。家长也可以登录智能跳绳小程序,实时了解子女的锻炼情况,不必亲自监督子女跳绳锻炼。智能跳绳系统把教师和家长从繁重的监督工作中解放出来,让他们有更多时间对学生进行德育和智育。与此同时,智能跳绳系统自动记录学生每次的练习情况,将每天、每周、每月跳绳练习情况进行汇总。学生借助系统能直观地与同班同学对比,这有利于调动学生的练习积极性,获得实践课增效的结果。在理论课教学方面,系统结合现成的数字教材资源与学生的运动轨迹,引

导学生掌握最前沿的相关体育知识，并养成良好运动习惯，可满足体育与健康教学的不同需求，并使单一的体育与健康理论教材变得更加形象与人性化。

2. 课内外教学结合，加强家校互动

体育课堂是学生进行德育、智育、体育的主要场所。教师提高体育与健康教学设计能力，充分认识开展跳绳运动的育人价值，结合教学组织方法进行育人教育，针对学生身心特点，选择适宜的方法，以身示范，更有利于学生建立正确的认知。教师的个人修养通过动作示范潜移默化地影响学生。教师通过即时反馈和评价指导学生，让学生掌握快速提升运动技能的方法。

（1）课堂内外紧密结合，全面贯彻教育部"教会、勤练、常赛"的文件精神。学校全面普及花式跳绳和绳操，让学生获得成就感，享受运动乐趣，也为学生进行课外锻炼和校外锻炼打下坚实的基础。教师布置智能跳绳家庭体育作业，让学生巩固所学技能，实时监控学生的锻炼情况，鼓励他们在校内完成家庭体育作业。教师组织线上跳绳比赛"以赛代练"和"以赛促练"。学生的兴趣被进一步激发，学习效果进一步增强。

（2）家校合作，增强育人效果。家长用手机绑定智能跳绳系统，通过查阅智能跳绳小程序，了解子女每天的锻炼情况。学校每周公布各班级的家庭跳绳作业完成情况，通过学校广播表扬优秀的班级和学生。教师在班级微信群提醒家长督促子女完成作业，并在班级群表扬优秀者。教师每周向家长推送跳绳技术教学视频，开展线上跳绳教学直播活动。为发挥家长的榜样作用并融洽亲子关系，线上智能跳绳比赛还设置了一带一亲子跳绳比赛。

3. 加大宣传，建设独特的智能跳绳学校文化

（1）组建校跳绳队。智能跳绳活动的开展培养了更多的运动爱好者，成为校跳绳队的成员让更多原来不起眼的学生成为运动场上的小明星。田径和篮球是学校的传统优势项目。田径项目的选材对学生的跑动速度要求非常高，而篮球项目对学生的身高和强壮程度要求较高。跳绳运动的选材则看重学生的协调性，个子小、身体轻盈反而是优势。学校组建校跳绳队让那些个子小、身体单薄、速度慢的学生在运动场上找到存在感和成就感。

（2）融合经典文化。除了开设常规的跳绳活动课程，学校还将跳绳活动与国学经典相结合，让学生跟着不同速度的《弟子规》音乐进行练习。学校还开展了跳绳动作成语创编活动，例如，让学生们根据"左顾右盼"这个成语设计一个跳绳动作，选出最能表达成语意思的动作。我国优秀的传统文化极具生命力，将优秀的中华文化与跳绳这一项中国古老的运动相结合，让跳绳活动更有魅力，深入学生的心里，可取得更全面的育人效果。

四、应用案例

依据上述系统与育人策略，学校在"华师附小体育作业"小程序中增设了智能跳绳数字教材：以人教版《体育与健康》的内容为依据，遵循由易到难的学习规律，根据不同年级学生的水平提供不同的跳绳数字教材。

1. 培养德育意识

智能运动设备将所有参与运动的学生进行实时排行，激励学生不断挑战自我。自2021年6月以来，学校教师利用数字教材进行一带一跳绳教学，通过播放数字教材中跳绳世界冠军参赛视频与其他比赛活动，点燃学生参

与体育运动的热情。在家庭体育作业方面，基于数字教材的智能跳绳系统，为学生提供了丰富资源，同时也监督着学生的运动情况，防止作弊，培养学生自律的品质。

2. 助力学生学习成绩提升

在应用智能跳绳系统并实施育人策略之后，作者就智能跳绳的积极教学策略与其他学科之间的关系这个主题，采访其他学科教师，了解学生在其他学科中的学习状况。语文教师表示，这些学生上课的注意力更加集中，完成学习任务的效率明显提高。在过去一年的语文测验中，学生的语文测试成绩显著提高。数学教师则反映学生的精神面貌有所改善，思维更加活跃。在过去一年的数学测验中，学生的数学测试成绩明显提高。英语教师表示学生在课堂上举手发言的人数明显比上一年增多，学生也敢于展示自我，在英语风采达人比赛中情绪高涨，竞争意识明显增强，在英语学习中形成了你追我赶的积极班级氛围。

3. 帮助学生提高身体素质

经过一年的尝试，学校学生在跳绳考试中及格率达100%，优秀率快速攀升，学校整体体育成绩取得了巨大的进步，涌现了一大批跳绳达人。个别班级和个别学生有更大的突破。在家庭体育作业完成率最高的班级中，部分表现突出的学生肌肉线条清晰、肌肉结实。体质测试表明，此类学生在50米跑、300米跑、立定跳远、跳绳、仰卧起坐、坐位体前屈等项目测试中均有不俗表现。这证明，长期坚持跳绳锻炼可以全面地提高学生的身体素质。

综上所述，应用基于数字教材的智能跳绳系统并科学实施育人策略，是促进学生德智体全面发展，实现减负增效，实现"美好教育"办学理念的重要路径。全面推进智能跳绳活动，促进数字教材资源拓展应用，探索适切的教学方法，有利于培养新时代"五育并举，德智体美劳全面发展"的优秀学子。

第二节 智能跳绳教学实施方案

一、项目背景

随着科技的飞速发展和智能设备的广泛应用,我们的生活已经发生了翻天覆地的变化。在教育领域,智能技术的引进正引领着教育的革新,使得教学更加个性化、高效。跳绳这一传统的体育项目,虽然深受大众喜爱,但在实际的教学过程中,仍存在许多挑战和局限性。为了提升跳绳教学的质量,提高学生的学习热情,作者利用智能技术,精心策划并实施了一项名为"智能跳绳教学"的方案。

二、项目目标

(1)增强学生对跳绳的兴趣,发展学生核心素养。
(2)提升学生的跳绳技能,培养他们良好的运动习惯。
(3)探索并实践智能技术在体育教学中的应用,推动体育教育创新。
(4)促进学生身体素质和心理素质的全面发展。

三、实施方案

(1)引入功能丰富的智能跳绳设备:这些设备除了具备基本的计数、

计时功能外，还能够实时分析跳绳的节奏、动作等数据，为教学提供科学依据。

（2）制订个性化的教学计划：根据学生的年龄、性别、体能等因素，为他们量身打造训练计划，确保每一个学生都能在适合自己的节奏和难度下取得进步。

（3）创新教学方式：结合智能设备，采用游戏化、竞赛化、互动化的教学方式，使学生在轻松愉快的氛围中掌握跳绳技巧。

（4）开展线上线下相结合的教学：除了传统的课堂教学，还将利用网络平台，为学生提供线上课程、教学视频、训练指导等资源，打破时间和空间的限制，让学生随时随地都能进行学习。

（5）加强师资培训：为了确保教师能够充分利用智能设备进行教学，将组织相关的培训活动，提升教师的教学能力。

（6）定期组织检测与评价：通过智能设备收集的学生训练数据，进行定期的检测和评价，以便了解学生的学习进度，从而调整教学方案，更好地满足学生的学习需求。

（7）开展交流与合作：与其他学校、企业、社会组织等进行广泛的交流与合作，共享优质资源，共同提高跳绳教学的质量。

四、项目预期效果

（1）学生的跳绳技能将得到显著提高，他们的体能水平也将有明显提高。

（2）学生对跳绳运动的兴趣将被激发，参与度将大幅度提升。

（3）教师运用智能技术进行教学的能力将得到提升，为未来的教学创新打下基础。

（4）此项目将为其他体育项目的教学提供有益的借鉴和参考。

五、项目实施步骤

（1）筹备阶段：购买智能跳绳设备，制订详细的教学计划，并对教师进行相关的培训。

（2）启动阶段：组织学生进行智能跳绳教学，让他们初步了解并尝试使用智能跳绳设备，同时开展线上线下相结合的教学方式。

（3）实施阶段：全面推进教学改革，根据学生的实际情况调整教学方案。定期检测学生的进步情况并及时反馈。

（4）总结阶段：对整个项目进行总结和评估，总结经验教训，并为今后的教学提供借鉴。

六、项目保障措施及实施策略

（1）政策支持：积极与政府尤其是教育部门沟通，争取他们的政策支持和资金投入，为项目的实施提供必要的保障。同时，加强与相关部门的合作，确保项目在政策、资金、技术等方面的需求得到满足。

（2）教师队伍建设：加强教师队伍的培训和管理，提高教师的教学水平和能力，确保他们在项目中发挥关键作用。鼓励教师积极参与项目，分享教学经验和心得，共同推动项目的发展。

（3）家长配合：加强与家长的沟通，让他们了解项目的好处，争取他们的支持和配合。鼓励家长参与项目，共同关注学生的成长，为学生的学习提供良好的家庭环境。

（4）社会资源整合：充分利用社会资源，邀请相关专家、学者举办讲座和培训，拓宽学生的视野，提高他们的综合素质。同时，与企业、社会组织等合作，共同推进项目的实施。

（5）监督与评估：建立完善的监督评估机制，对项目的实施过程进行全程监控，确保项目按照计划推进。定期对项目进行评估，发现问题及时整改，确保项目的质量和效果。

第三节 智能跳绳全员运动会方案

一、背景及意义

为了积极响应国家对青少年体质健康的要求，落实教育部关于校园体育活动的相关政策，提高学生身体素质，培养团队合作精神，学校决定举办一场别开生面的智能跳绳全员运动会。此次活动旨在丰富校园文化生活，激发学生对体育运动的热爱，使学生在快乐运动中健康成长。

二、活动目标

（1）提高学生对跳绳运动的兴趣和技能水平。
（2）增强学生团队合作意识，培养集体荣誉感。
（3）提升学生身体素质，促进学生身心健康。
（4）营造积极向上的校园体育氛围，丰富校园文化生活。

三、活动时间

2024年3月8日（周五）下午。

四、活动地点

学校操场。

五、活动对象

全校师生及家长。

六、活动内容

（1）个人赛：单人跳绳比赛，分为初赛、复赛和决赛三个阶段。

（2）团体赛：四人一组跳绳比赛、全班"8"字跳、全班跳绳比赛。

（3）家长互动环节：家长与学生共同参与跳绳比赛，增进亲子关系。

（4）跳绳表演：邀请优秀选手进行跳绳表演，展示跳绳运动的魅力。

七、活动流程

（1）开幕式：校领导致辞，宣布活动开始。

（2）个人赛：按年级、性别分组进行初赛，选拔优秀选手进入复赛和决赛。

（3）团体赛：以班级为单位参赛。

（4）家长互动环节：家长与学生共同参与跳绳比赛，增进亲子关系。

（5）跳绳表演：优秀选手进行跳绳表演。

（6）颁奖典礼：颁发个人赛和团体赛奖项，表彰优秀选手和团队。

八、活动筹备

（1）提前征集志愿者，协助组织现场活动。

（2）准备比赛用具，如智能跳绳、计时器等。

（3）设置裁判组，负责活动现场的裁判工作。

（4）布置赛场，确保比赛场地安全、舒适。

（5）提前与家长沟通，确保家长参与互动环节。

九、活动宣传

（1）利用校园广播、班级通知等方式，提前开展宣传活动。

（2）制作宣传海报，张贴在校园显眼处。

（3）邀请家长关注活动，共同见证学生的成长。

十、活动总结

活动结束后，对本次活动进行总结，总结经验教训，为今后类似活动提供借鉴。同时，对优秀选手和团队进行表彰，激励更多学生积极参与体育活动，提高自身素质。

通过举办这场智能跳绳全员运动会，学生能够在活动中感受运动的快乐，提高自身的身体素质，培养团队合作精神，展现出华师附小师生积极向上的精神风貌。

第 9 章

以"绳"育人的故事

第一节 我与跳绳的故事

五（5）班 黎亦彤

提起跳绳，我总会想起二年级下学期时的一节体育课，老师把我们带到教学楼架空层，问道："你们有谁想参加我们学校的跳绳队呀？"我自告奋勇地举起手，大喊："老师，我想去试试！"那时，学校的跳绳队成立还没有多久，30秒跳到95个就能进，我勉勉强强进了跳绳队。

训练的第一天，我早早地就来到了学校，虽然心里有些害怕，但我一直鼓励着自己："加油！试试才知道！"那时，我在跳绳队里并不算厉害，看到那些跳得比我快的同学，我羡慕极了。从那以后，我便留在了跳绳队。

早训中，最难克服的是早起和如何安排早餐。早上最晚6:30就要起床，7:10就要开始训练，所以我晚上9:30就要睡觉，这样才能有充足的睡眠。早起对我来说没有问题，三年来，我每天到时间就自己起床了，经常不到七点就到校门口了。刚开始的几个月，我都是吃完早餐再到学校早训。后来发现这样容易肚子疼，就带早餐等训练完再吃。训练完教练会给我们预留吃早餐的时间。

我们的教练一点儿也不凶，还很会带我们"玩儿"。每天教练先让我们练步法热身，然后进行速度跳、交互绳、车轮跳、"8"字跳、10人同步、花样跳，还有很多小游戏、小奖励……所以我每天都特别期待早训。不知不觉地，不知道从什么时候开始，我的跳绳水平突飞猛进了。三年级下学期的一次早训，我被选为跳绳队低年级组的队长，还收到一个冰墩墩作为奖励。我高兴极了，更喜欢跳绳了。

就是这日复一日开心的训练,让我的单摇成绩从 30 秒 95 个,蹿到了 178 个。并获得 2022 年广东省中小学生跳绳锦标赛小学组混合 60 秒交互绳速度跳第四名、4×30 秒交互绳接力(女子)第六名;2021 年"七星杯"广州市中小学生跳绳比赛女子 4×30 秒单摇接力低年级普通组第二名;2023 年"七星杯"广州市中小学生跳绳比赛 4×30 秒交互绳接力(女子)小学高年级普通组第二名、60 秒交互绳速度跳(女子)小学高年级普通组第二名、3 分钟 10 人长绳"8"字跳(混合)小学高年级普通组第二名;2023 年天河区中小学生运动会跳绳比赛 30 秒单摇第一名,4×30 秒单摇第一名、车轮跳提高套路第一名、4×30 秒交互绳第三名、一分钟同步跳第三名、三分钟"8"字跳第三名等奖项。

我印象最深的一次比赛是 2023 年 4 月由广东广播电视台体育频道主办的第一届青少年百人跳绳校际赛总决赛。那是一分钟单摇决赛,前期已经从各个学校挑选出跳得最多的 20 名选手。决赛是三轮的淘汰赛,第一轮从 20 位选手里淘汰 10 位,第二轮再从 10 位选手里淘汰 7 位,剩下 3 位进行第三轮的争霸赛,决出总冠军。在第一轮决赛前,我参加了团体的比赛,因为调绳时间太短,节奏大乱,平时稳定 280 个的成绩只跳了 237 个,我的心情一下跌到谷底,忍不住哭了。接下来马上就是三轮一分钟的个人冠军总决赛。我擦擦眼泪,调整心态,投入比赛。20 进 10,一分钟 273 个,第三名;10 进 3,一分钟 288 个,并列第二名;最后一轮,一分钟 292 个,第二名,亚军。我原来担心会体力不支,结果一次比一次好。教练和队友们都为我加油欢呼,我觉得特别开心。

学生最重要的还是学习,跳绳以后,我的学习成绩在班级一直名列前茅,在四年级下学期的期末考试,我还取得了总分全班第一的好成绩。学习成绩不但没有受到跳绳的影响,反而变好了。跳绳以后我很少生病,请假的次数减少了,也就不会落下功课了,而且早上训练完后,神清气爽,心情舒畅，能更好地迎接新一天的学习。

我还在跳绳队收获了不同年级队友的友谊，我们一起训练、一起吃早餐、一起玩耍、一起参加比赛。百人跳绳校际赛总决赛那天，我因为比赛错过了领纪念品，很伤心，好几个队友都坚持要把自己的纪念品送给我，虽然我坚持没收，但有队友的关心，我很感动，很快就不伤心了。

跳绳让我收获了很多很多。归根到底，想要做好一件事，不管你有多好的天赋、多好的老师，最重要的还是要坚持。记得有一次，我的脚受伤了，有些疼，爸爸妈妈都让我不要去了，但我不同意，最后还是去参加了训练，也许就是对跳绳的热爱，让我坚持了下来。我相信，只要不怕苦、不怕累，一定能在领奖台上看见你闪闪发光的身影！

黎亦彤妈妈：三年前的这时候，孩子加入跳绳队，作为家长，我是很支持的，希望她能够去锻炼一下身体，因为这娃三天两头跑医院，经常发烧、咳嗽。三年下来，孩子的收获远不止健康，还有自信、自律、友谊、团队合作精神和拼搏精神。

第二节 热爱与坚持

四一（6）班 陈秋满

在一年级的假期，在学校的推荐下我看了一部特别有意义的电影，名叫《点点星光》，通过这部电影我认识了一项普普通通的运动——跳绳，也看到了自己心中的那点点星光。

从此之后，每天一有空余的时间我都会拿起那条小小的跳绳，一开始只能连续跳几个，我坚持每天练习，慢慢地试着调整姿势，我也越跳越多了。每天都重复那个枯燥的动作，其实并没有意思，但是心里面就是非常热爱，非常愿意重复那个枯燥的动作。

一次偶然的机会，看到了学校假期的一次集训招募，我报了名，张老师同意了我加入集训，我真的开心极了。通过这次集训，我发现跳绳并不是只有那一个大家都熟悉的动作，还有很多种跳法，这让我心中那点点星光越来越亮了。

集训过后我便加入了校队，七点十分是跳绳队每天的训练时间，虽然每天都要早起训练，但是靠着发自内心的那份热爱，我坚持了下来。跳绳队里的小伙伴都是对跳绳这项运动充满热爱的，能跟志同道合的小伙伴们一起训练、一起比赛，让我更加喜欢这项运动。我坚持每天的训练，直到现在已经是第三个年头了，我发现坚持运动让我的身体变得更结实、更健康。

在校队有了教练系统训练，我获得了许多专业的指导，不断地调整动作和姿势。我学会了许多跳绳方式，有单摇、双摇、交互绳、车轮跳、花样跳……

还记得第一次跟学校出去参加广州市"七星杯"跳绳比赛是在疫情期间,虽然那时候我的水平并不能代表学校参加太多的项目,但是我很高兴能有为学校争光的机会。比赛的第一天我并没有项目,我跟着同学们一起去了比赛现场,我透过门缝认真地看着别人比赛,看到了赛场上高手如林,看到了自己身上的不足,也感受到了赛场上的"速度与激情",我也很渴望在场上感受一下比赛的激情。然而这一次,我并没有站上赛场,因为第二天的比赛项目因为疫情的原因被取消了。

带着在赛场上感受到的"速度与激情",我每天更加努力地练习,除了每天晨练以外,我还参加了午练,为的就是更好地提升自己,同时也想为心中的那份热爱添加更多的色彩。可在美好的理想面前,我遇到了学习、训练、睡眠时间上严重冲突的巨大挑战,有一段时间我学习明显下滑了,甚至在课堂上出现了打瞌睡的现象,最终在三年级下学期的最后两个月我被迫选择了暂停晨练。记得有一次我还被张老师堵在上学的路上,他以他那独特的采访形式问我是不是因为偷懒不来参加晨练,我想了一会,低着头小声地回答:"不是,是我学习太差了,我爸爸不给我来跳绳了。"那时我的眼泪都快流出来了。我也趁着停训这段时间快速调整我的睡眠质量,同时加倍努力地补回我之前落下的知识,一有空我就跳绳,就这样来到了期末,或许是努力带来的小小惊喜,张老师偷偷地跟我说:"我猜你数学考了100分。"我内心顿时感到非常欣喜,但我知道我一直还在追赶学霸的路上,我不能被落下太远。后来我慢慢适应了学习、训练、睡眠的作息时间,我又恢复了正常的训练。

足足等了两年,终于等到了老师和教练又给了我一次比赛的机会,这次是更高级别的省赛,我终于站上了赛场感受了比赛的气氛,在赛场上还看到了世界冠军的风采,非常荣幸能与这么多高手同场比赛,并且看到了与他们的差距。这次的比赛我与小伙伴们一起取得了混合交互绳第四名，这是我获得的第一张奖状，虽然没有取得奖牌，但是我仍然很高兴。这张小小的奖状给了我很大的动力，我继续每天挥洒着汗水坚持着晨练和午练，跟小伙伴们一起练习也越来越有默契感了。

在我踏入四年级这一年我又获得了代表学校参加广州市"七星杯"跳绳比赛的机会。比赛热火朝天地进行着，当男子一分钟交互比赛哨声响起的时候，我专注地听着队友们摇绳的节奏，看着绳在空中交互地跳动，我不停地跳动，等哨声再次响起，比赛结束，我内心是喜悦的，因为我做到了零失误地完成了这项比赛，最终我们取得了首枚金牌。接下来是三分钟单摇比赛，毅力支持着我坚持完成了这三分钟，在这项比赛中我又取得了一枚金牌。这一次比赛，以前流下的汗水终于给了我回报，让我取得了许多奖牌，对跳绳的这份热爱，让我学会了坚持。

最后我要感谢学校认可我，给我代表学校比赛的机会，还要感谢我跳绳路上的三位导师，第一位是我每次稍有进步就马上给我鼓励的张老师；第二位就是每天风雨不改，给我们悉心指导的李教练；最后一位就是教我坚持，每次都陪我比赛的爸爸。

陈秋满家长： 亲爱的秋满，很高兴你能找到自己喜欢的运动。在这三年里，你都能坚持早起晨练，我看到了你的成长，能为自己喜欢的事情坚持不懈地努力并且在这过程中拥有了快乐。希望你以后也能坚持不懈地为每一个梦想而努力，收获更多自信、更多快乐。

第三节 在坚持跳绳中"蜕变"

四（5）班 张丁夫

在飞逝的时光里，我遇到了附小跳绳队。我从小就热爱运动，在小的时候，爸爸妈妈带我去植物园草坪上玩耍，我在草地上和伙伴们翻滚撒欢，阳光洒在身上，开心极了。刚进附小读书的时候，我看到在宽阔的操场上，师兄师姐一早在阳光下跳绳、打篮球、跑步，我内心憧憬着，期待加入这个充满活力和欢声笑语的大家庭。转眼间，我上了小学二年级，当年种下的种子终于发芽啦！学校跳绳队在各班级进行选拔，我光荣地入选了校级跳绳队。

不知不觉，已经过去了两年多。在这两年中，每天早上7点10分，我准时回到学校，准时进行训练。无论是风雨交加还是阳光明媚，我都毫不气馁。的确，这些训练让我感到疲惫，特别是每天早上6点多就要起来早读，一边早读一边吃早餐，早餐又不能吃得太多，因为会影响跳绳，太饱跳起来也不舒服。晚上如果晚睡，早上真的不想起来，有时候也曾想要放弃。然而，同学们的坚持和妈妈的鼓励让我挺了过来。我慢慢喜欢上了这项运动。可是后来妈妈担心我睡眠不足和早餐吃不饱想要我放弃跳绳的时候，我自己却不同意了，因为我已经热爱上了这项运动。后来，通过了解才知道大家都存在跟我一样的问题，通过与学校沟通协商，学校同意训练队带早餐去学校，可以在训练结束后吃，但前提是必须在体育室吃完才能回课室（因为当时还是疫情期间）。

我从"自卑气馁"到"享受跳绳"。刚加入跳绳队时，我看到师兄师姐能一分钟跳280多个，我感到特别气馁、自卑、不自信，我觉得一分钟跳280多个简直是比登天还难。他们双脚快速移动，简直就是传说中的"无影腿"。我不管怎么练都不行，不管怎么练都气喘吁吁，不管怎么练都手酸无力。在老师的耐心指点下，帮我一步步科学锻炼了体能，帮我一点点调整了手腕、背部、双腿的姿势，帮我一点点建立了信心。我们学校有个赓园，里面有一首袁枚的诗《苔》："白日不到处，青春恰自来。苔花如米小，也学牡丹开。"这首诗一直鼓励着我，我想：不积跬步，无以至千里；铁杵磨成针，功夫在平时。师兄师姐的优秀成绩也是在日复一日的锻炼中取得的。训练的日子并不只是汗水，还有无数次的挑战和困惑。有时候，我力不从心，感觉自己似乎达到了一个瓶颈期，前进的步伐变得艰难。的确，这些枯燥的训练有时让我感到疲惫，特别是冬天，早上真的不想起来，有时候也曾想要放弃。但是回顾这两年，在这个大家庭的带动下，我惊讶地发现，我居然没有落下过一天训练，我的手脚变得更加有力了，我弹跳变得更加灵活了，我的心情更加愉悦了，我更加享受跳绳带给我的乐趣了。绳子在空中划过的瞬间，我的身体像一道闪电般敏捷，纵身跃起，展现出自己独特的魅力。每一次的飞跃，都是我追逐梦想的一次叠加，每一次的落地，都是我前进路上的一个坚实的台阶。

我从"无名小卒"成长为"团队小将"。在学校跳绳队，有很多明星师兄师姐。他们代表附小参加全国、全省、全市比赛，拿下了赫赫战绩，为学校争光，学校以他们为荣，学校以他们为傲。榜样的力量时时激励着我。"春种一粒粟，秋收万颗子。"正是因为日复一日地早锻炼、多锻炼、干最难的事，才有了秋天硕果累累的收获。所以，在老师们的科学规划下，我撸起袖子一点点练，一点点进步。老师说：虽然要勤干苦干，但不能盲目干。凡事都有方法，要有方向感，螺旋式进步那是必然的。我从一开始只会单摇，渐渐学会了混合交互跳、车轮跳、"8"字跳、10人同步跳、花样跳，每一次掌握一种新跳法，都让我觉得打开了一扇新的大门，缤纷世界让人心旷神怡。跳着跳着，我居然跳出来好多成绩。比如我在2022年广东省第一届寒假线上跳绳挑战赛1分钟跳绳速度赛中，荣获了三等奖；在2023年第一届青少年百人跳绳校际赛中，荣获小学组1分钟跳绳团体赛第三名；在2023年天河区中小学生运动会跳绳比赛中获得第三名；在2023年广东省小学生田径锦标赛混合乙组十字跳中，获得了第六名。我还发现，掌握了一项技能并运用到其他项目上，竟能做到一通百通，我还在2024年全国青少年飞镖锦标赛获得了团体赛第六名，个人高分赛第三名；在广东省青少年垒球锦标赛中获得了第二名。想起每个清晨，从天蒙蒙亮到太阳光洒落在我身上，原来流汗是让人如此愉悦，突破是让人如此兴奋。春天的每一分每一秒，清晨的每一分每一秒，都是如此珍贵，每一滴汗水都不会白流。

张泽林老师说过，"只要热爱，哪里都是运动场，一条小绳子可在最小的空间发挥最大的力量""如果一个孩子练一个体育项目三年没有放弃，这本身就是一个非常大的成就""不放弃，尽全力，做最好的自己"。这些鼓舞人心的话语时常在我的脑海激荡，鼓舞着我不断获得新的突破。

张丁夫妈妈： 亲爱的孩子，三年的跳绳训练不仅让你的身体变得更加强壮，也让你的心灵变得更加坚韧。坚持和努力是你最宝贵的财富。愿你在未来的日子里，继续勇敢地追逐梦想，不断超越自我，收获更多的快乐和健康的体魄。加油，你是最棒的！

后 记

华南师范大学附属小学开创的"双动"课堂，是指"运动"+"劳动"系列课程，通过 AI 赋能五育融合下的系列体育训练+系列劳动实践，关注学生体能体格，发掘学生的潜能，养成健康第一的理念，"以体育人"+"劳动育人"，从而实现立德树人的育人目标。

本书重点探索"双动"课堂体系中的体育运动系列课程。研究内容的初步形成是基于两个课题，一个是广东省科学规划课题"利用智能跳绳提升小学生感觉统合能力的实践研究"，另一个是广州市规划课题重点课题"'双减'背景下利用智能跳绳提升育人价值的实践研究"。教师们经过三年艰苦卓绝的努力，在智能跳绳教学、智能跳绳比赛、智能跳绳家庭体育作业、智能跳绳感统课程开发、跳绳队建设等方面，积累了大量的成果，为本书的出版奠定了坚实的理论和实践基础。最后，本书的顺利出版得益于江伟英校长的鼓励和专业指导。她帮助我系统地梳理了智能跳绳的成果，形成了逻辑清晰的目录，并丰富了书籍内容，解决了出版过程中的一系列问题，大大节省了我的时间和精力。

学生感觉统合失调是较为常见的问题。每个班级都有相当比例的学生表现出此类现象，如上课时大声喊叫、频繁活动、表达不清、阅读不流畅、容易摔倒等。这些现象严重干扰了优良班风的形成和高质量课堂的实现，成为教师和学校发展中不可回避的问题。智能跳绳感觉统合课程是提高班级管理甚至是学校治理效果的一种有益尝试。在跳绳过程中，学生既提高了跳绳的技能、增强了体能，也消除了感觉统合失调的不良症状。

通过研究发现，大量学生因智能跳绳课程提升了感觉统合能力，因此，学校应普及感觉统合能力基本理论,让教师、家长和学生都认识到提升感觉统合能力的重要性,让学生积极主动地参与提升感觉统合能力的课程中。智能跳绳需进行更深入的研发,以期研发出一款针对提升感觉统合能力并且能结合感觉统合课程的智能跳绳设备。最后,以公益化为导向,我校在广东省各小学推广智能跳绳和发展学生感统能力的课程,及时推送感觉统合能力提升的智能跳绳运动方案,提升每一个学生的身心健康状况。未来,学校会继续将智能跳绳提升感觉统合能力的模式推广至全国。

德育、智育、体育、美育、劳育,从排序来看,体育处在了"C"位。在"双减"背景下,学生有了更多的运动时间,如何发挥体育的育人价值,如何通过体育课堂为学生的幸福人生奠基,如何在体育课堂上真正培养学生的核心素养,值得每一位体育教师去探索和追寻,让"体育是最好的教育"的思想落到课堂,落到实处。

附录一
《儿童感觉统合能力发展评定量表》

该评价量表由郑信雄整理、编制,后经北京大学精神卫生研究所修订,是能够科学地评价受试者感觉统合能力的评价量表。

儿童姓名:

性别:□男 □女

出生日期: 年 月 日(周岁)

填表人姓名:

与儿童的关系:□父 □母 □其他:

填表日期: 年 月 日

亲爱的家长同志:

感觉统合能力的发展同儿童身心健康和学习能力发展是紧密联系在一起的,为此我们设计出了下面的调查问卷,还请您根据孩子最近的表现情况认真选择适合的选项。选择方法:根据您孩子的行为表现在"5(从不这样)""4(很少这样)""3(有时候)""2(常常如此)""1(总是如此)"中选择符合自己孩子情况的选项。题中所说的情况只要有一项符合就算。

（一）					
1. 特别喜欢旋转的板凳或类似设施，而且不累。	5	4	3	2	1
2. 喜欢做一些转圈动作或者绕圈子旋转动作，而且不累不晕。	5	4	3	2	1
3. 虽然眼睛正常看得见，但也会常常碰到别人、桌子、墙、门等。	5	4	3	2	1
4. 走路、吃饭、运动、画画时，常常会忘记另一只手的存在。	5	4	3	2	1
5. 经常跌倒，手脚走路不协调。	5	4	3	2	1
6. 俯卧在床上或者地上时，头和躯干无法动弹。	5	4	3	2	1
7. 喜欢到处跑到处爬，不听劝阻。	5	4	3	2	1
8. 不安分地动来动去，惩罚也没有用。	5	4	3	2	1
9. 喜欢惹人，捣蛋，恶作剧。	5	4	3	2	1
10. 常常自言自语，喜欢重复一些特定的语言。	5	4	3	2	1
11. 左右手都会用，但是表面上看是左撇子。	5	4	3	2	1
12. 方向感较差，常常分不清方向，衣服穿反。	5	4	3	2	1
13. 对陌生的路线或者空间有强烈的恐惧感。	5	4	3	2	1
14. 不爱护整洁，常常乱丢东西不整理。	5	4	3	2	1
（二）					
15. 生活中的起床、穿鞋、穿衣表现迟钝。	5	4	3	2	1
16. 顽固，偏执，不合群，孤僻。	5	4	3	2	1
17. 吃饭常常流口水，掉菜、掉米饭。	5	4	3	2	1
18. 学习说话慢，口齿不清，咬字不清。	5	4	3	2	1
19. 懒散，做事拖拖拉拉。	5	4	3	2	1
20. 不喜欢一些攀爬、翻滚的动作或行为。	5	4	3	2	1
21. 读幼儿园后依旧学不会上厕所、洗手、洗脸。	5	4	3	2	1
22. 在幼儿园中、大班还是不会用筷子，不会拿笔。	5	4	3	2	1
23. 过度依赖父母，对小伤小病很敏感。	5	4	3	2	1
24. 不擅长玩一些需要耐心的游戏，比如搭积木、排队。	5	4	3	2	1
25. 怕爬高，拒走平衡木。	5	4	3	2	1
26. 在陌生环境很容易迷失方向。	5	4	3	2	1
（三）					
27. 在家人面前显得暴躁，而对陌生环境特别害怕。	5	4	3	2	1
28. 讨厌陌生场合，往往待不了几分钟就要离开。	5	4	3	2	1
29. 吃饭挑食，不喜欢吃蔬菜。	5	4	3	2	1

续表

30. 喜欢一个人独处，不喜欢和人相处。	5	4	3	2	1
31. 喜欢被妈妈或者一个固定的人照顾、搂抱。	5	4	3	2	1
32. 看电视节目或者听故事时会大受感动，很害怕恐怖电视节目。	5	4	3	2	1
33. 很害怕黑暗的环境。	5	4	3	2	1
34. 放学不想回家，常因为赖床而上学迟到。	5	4	3	2	1
35. 常常生病，一生病就借此为由不上学。	5	4	3	2	1
36. 喜欢啃手指甲，不喜欢别人帮忙剪指甲。	5	4	3	2	1
37. 依赖熟悉环境比较严重，换了床常常睡不好。	5	4	3	2	1
38. 占有欲强烈，极度不喜欢别人动自己的东西。	5	4	3	2	1
39. 讨厌跟别人发生接触或者跟陌生人聊天。	5	4	3	2	1
40. 特别讨厌别人从后面接触自己。	5	4	3	2	1
41. 不喜欢玩沙子和泥巴，有洁癖倾向。	5	4	3	2	1
42. 不喜欢直视双眼进行交流，常常用肢体表达。	5	4	3	2	1
43. 对危险的状况或者伤痛表现迟钝或者过激。	5	4	3	2	1
44. 对周围环境或者人提不起兴趣，面无表情。	5	4	3	2	1
45. 过分喜欢独处，有特殊癖好。	5	4	3	2	1
46. 常常咬人，无缘无故损坏东西。	5	4	3	2	1
47. 内向，软弱，爱哭，常触摸生殖器官。	5	4	3	2	1
（四）					
48. 文字的阅读和算术很困难。	5	4	3	2	1
49. 写字不按照笔画，阅读总会漏字。	5	4	3	2	1
50. 上课不专心，喜欢左顾右盼、讲话。	5	4	3	2	1
51. 写字不能在规定的方格里写，总会写出方格。	5	4	3	2	1
52. 讨厌数学，看书一会儿就会眼睛酸。	5	4	3	2	1
53. 认识字但是不知道字的意思，不能组合成句子。	5	4	3	2	1
54. 认不出背景中的特殊图案，常常认错。	5	4	3	2	1
55. 无法按照老师的要求完成任务。	5	4	3	2	1

附录二

《感觉统合能力标准分转换表》

标准分	6岁原始分				7岁原始分				8岁原始分			
	前庭平衡	触觉平衡	本体感觉	学习能力	前庭平衡	触觉平衡	本体感觉	学习能力	前庭平衡	触觉平衡	本体感觉	学习能力
10	30	51	31	10	31	52	27	11	31	48	21	9
11	30	52	31	10	32	53	28	12	31	49	22	10
12	31	53	32	11	33	54	29	12	32	50	22	10
13	32	54	32	11	34	54	30	13	33	51	23	11
14	33	55	33	12	34	55	30	13	34	52	23	11
15	34	56	33	12	35	56	31	14	34	53	24	12
16	34	57	34	13	35	57	32	14	35	54	25	12
17	35	58	34	13	36	58	32	15	35	54	26	13
18	35	59	35	14	37	59	33	15	36	55	27	14
19	36	60	35	14	38	60	33	16	37	56	28	14
20	37	61	36	15	39	61	34	16	38	57	28	15
21	37	62	36	15	40	62	34	17	39	58	29	16
22	38	63	37	16	40	63	35	17	40	59	30	16
23	38	64	37	16	41	64	35	18	40	60	31	17
24	39	65	38	17	42	64	36	18	41	61	32	17
25	40	66))	38	17	42	65	36	19	42	62	32	18
26	40	67	39	18	42	66	37	19	42	63	33	19
27	41	68	39	19	43	67	38	20	42	64	34	19
28	42	69	40	19	44	68	39	21	43	65	34	20
29	42	70	40	20	44	69	39	21	44	66	35	20
30	43	71	41	20	45	70	40	22	44	67	36	21
31	44	72	41	21	45	71	40	23	45	68	36	21
32	45	73	42	21	46	72	41	23	45	69	37	22
33	45	74	42	22	47	73	42	23	46	70	38	23
34	47	75	43	22	48	74	43	24	47	71	39	23
35	48	76	43	23	48	75	43	24	48	72	39	23
36	49	77	44	23	49	76	44	25	48	73	40	24
37	49	78	44	24	50	77	44	25	49	74	41	25
38	50	79	45	25	50	78	45	26	50	75	41	25
39	50	80	45	25	51	79	45	26	50	76	42	26
40	50	81	46	26	51	80	46	27	51	77	43	26
41	50	82	46	27	52	81	47	27	52	78	43	27

续表

标准分	6岁原始分				7岁原始分				8岁原始分			
	前庭平衡	触觉平衡	本体感觉	学习能力	前庭平衡	触觉平衡	本体感觉	学习能力	前庭平衡	触觉平衡	本体感觉	学习能力
42	51	83	47	27	53	82	48	28	53	79	44	27
43	52	84	47	28	54	83	48	28	53	80	45	28
44	53	85	48	28	54	84	49	29	54	81	46	29
45	54	86	49	29	55	85	49	29	54	82	46	29
46	55	87	50	29	55	85	50	30	55	83	47	30
47	55	88	50	30	56	86	51	30	56	84	48	30
48	56	88	51	30	57	87	52	31	57	85	49	31
49	56	88	51	31	57	88	52	31	57	86	50	31
50	57	89	52	32	58	89	53	32	58	87	51	32
51	58	90	52	32	58	90	53	32	58	88	52	33
52	59	90	53	33	59	91	54	33	59	89	52	33
53	59	91	53	33	60	92	54	33	60	90	53	34
54	60	92	54	34	61	93	55	34	60	91	54	35
55	60	93	54	34	61	93	55	34	61	92	55	35
56	61	94	55	35	62	94	56	35	62	93	56	36
57	62	95	55	35	63	95	56	35	63	94	57	37
58	62	96	56	36	64	96	57	36	64	95	57	37
59	63	97	57	36	65	97	57	36	64	96	58	38
60	64	98	57	37	65	98	58	37	65	97	58	38
61	64	99	57	38	66	99	58	37	65	98	59	39
62	62	100	58	38	66	100	59	38	66	99	59	39
63	62	101	58	39	67	101	59	38	67	100	60	40
64	66	102	59	39	68	102	60	39	67	101		40
65	67	103	59	65	68	103		40	68	102		
66	68	104			69	104			69	103		
67	69	105			69	105			69	104		
68	69	105	60	40	70	105			70	105		
69	70				70				70			
70												

附录三
《学习适应性测验（AAT）》（小学一、二年级用）

学习适应性测验（Academic Adjustment Inventory，AAT）是用来测量学生克服内在和外在种种困难，取得较好学习效果的学习适应能力的，该测验出自日本教育研究所学习适应性研究所编的《学习适应性测验》，由我国心理测量专家进行了修订，并制订出中国的常模，成为适用于我国中小学生学习诊断与指导的标准化测验工具。

小学一、二年级的学习适应性测验由5个内容量表组成。学习态度：是否自己有积极性、主动性，有计划地进行学习。听课方法：是否积极听课，是否有效地利用了听课时间。家庭环境：是否有效地发挥了家庭物质条件的作用，家庭气氛是否有利于学习。学校环境：是否积极利用了学校环境，同学关系是否有利于学习。独立性和毅力：自己的事是否积极地去做，不安倾向大不大，做事能否坚持到最后完成。

这个测验不是要了解学生是好孩子还是坏孩子，而是详细地调查学生是怎样学习的，目的是使学生在学习方面比现在好，以及看看需要做哪些改进。

回答方法：本调查的每一个问题都有两个可供选择的答案，教师读出问题和两个答案，请学生选出最适合自己的答案，用"√"标记。请按此方法与要求对下列两道例题进行练习。

1. 你常常吃药吗？
a. 常常吃　　b. 不常吃

2. 你家里的人对你的学习关心吗？
a. 关心　　b. 不关心

注意事项：

（1）按学生平时所想的和所做的，如实地回答。

（2）每一个问题都要回答，但只能选择一个答案，如果认为没有合适的答案，可以选出与自己比较接近的答案。

（3）不要与同学商量，不要照抄同学的答案。

（4）如果不明白题目的意思或者有不认识的字，可举手问老师。

开始测试：

A1~A10 为学习态度维度：

A1. 放学回到家里，你是否一坐下来，就马上开始学习？
a. 马上开始　　b. 慢吞吞地

A2. 如果大人不督促，你是否学习？
a. 不督促不学习　　b. 不督促也学习

A3. 你对不会写的字，是否反复练习？
a. 反复练习　　b. 不反复练习

A4. 考试成绩不好时，你是否承认是因为自己没有好好学习？
a. 常常那样想　　b. 有时那样想

A5. 必须学习时，你是否还在玩或者看电视？
a. 常常是　　b. 不是

A6. 在家里学习时，你是否先准备好要用的课本、练习本、铅笔等物品？
a. 准备好　　b. 没有准备好

A7. 你是否忘记做课后作业？
a. 不忘记　　　b. 常常忘记

A8. 学习开始后，你是否马上就感到厌烦？
a. 马上厌烦　　　b. 不厌烦

A9. 一有不会的算术题，你是否马上厌烦？
a. 马上厌烦　　　b. 不厌烦

A10. 家长让你做补充练习题时，如果有不会的，你还做吗？
a. 还做　　　b. 不做了

B11~B20 为听课方法维度：

B11. 在学校里，上课铃一响，你是否马上进教室？
a. 马上进教室　　　b. 有时不马上进教室

B12. 上课时，你是否认真听老师讲课？
a. 有时不专心听　　　b. 认真听

B13. 老师进教室之前，你是否把书本、练习本和铅笔盒都摆好在课桌上？
a. 摆好　　　b. 有时没有摆好

B14. 你写字是否总是很整洁？
a. 整洁　　　b. 写得马虎

B15. 在教室里，你是否对学习很厌烦？
A. 厌烦　　　b. 不厌烦

B16. 上课时，如果听懂了，你是否会举手回答问题？
a. 举手回答　　　b. 不举手回答

B17. 你的练习本是否写得很整洁？
a. 整洁　　　b. 不整洁

B18. 上课时，老师如果提问，你能否回答清楚？
a. 不会回答　　b. 回答清楚

B19. 上课时，你是否常和同学讲话，或者做小动作？
a. 常常这样　　b. 不这样

B20. 在学校里学过的东西，你回家后是否复习？
a. 复习　　b. 有时不复习

C21~C30 为家庭环境维度：

C21. 你在家里学习时，是否有固定的地方？
a. 有固定的地方　　b. 没有固定的地方

C22. 你在家里是否一边看电视或者听音乐，一边学习？
a. 一边看或者一边听，一边学习　　b. 不看或者不听，只学习

C23. 你在家里学习时，桌上是否有与学习无关的东西？
a. 没有　　b. 有

C24. 在家里学习时，家里人是否打扰你？
a. 不打扰　　b. 打扰

C25. 在家里，你是否有时躺着看书？
a. 是这样　　b. 不是这样

C26. 在家里学习时，电视机（收音机）的声音，或者说话的声音很响时，你是否向大人要求安静些？
a. 要求　　b. 不要求

C27. 你在家里学习时，大人是否表扬你？
a. 表扬　　b. 不表扬

C28. 你调皮时，家长教训你，你是否因此不想学习？
a. 不想学习　　b. 想学习

C29. 你答错问题或者考试分数差,家长是否教训你?
a. 常常教训　　b. 不教训

C30. 在家里,你是否按时吃饭?
a. 按时　　b. 不按时

D31~D40 为学校环境维度:

D31. 你去上学时,是否很高兴?
a. 高兴　　b. 不高兴

D32 上课时,老师说了你什么,你是否害怕?
a. 是　　b. 不是

D33. 在学校里,你是否有许多朋友在一起玩?
a. 有许多　　b. 不多

D34. 你是否常向同学问学习上的问题?
a. 常常问　　b. 不常问

D35. 教室里吵闹时,你能不能学习?
a. 能学习　　b. 不能学习

D36. 你是否喜欢和同学一起学习?
a. 喜欢　　b. 不喜欢

D37. 你一个人玩的时候多,还是和同学一起玩的时候多?
a. 一个人玩的时候多　　b. 和同学一起玩的时候多

D38. 上课时,如果老师提问,同学举手后,你是否没想好也举手?
a. 常常是　　b. 不常是

D39. 在教室里你的座位不好时,你是否想换?
a. 想换　　b. 不想换

D40. 你是否为了学习成绩不落后于同学而努力学习？
a. 努力　　　　b. 不努力

E41~E50 为独立性和毅力维度：

E41. 你是否自己整理学习用品和衣服？
a. 自己整理　　　b. 自己不整理

E42. 你是否能把开始做的工作做完？
a. 能做完　　　　b. 常常不能做完

E43. 你是否总是按时睡觉？
a. 是　　　　b. 有时不是

E44. 上学前，你是否检查有没有带好学习用品？
a. 检查　　　　b. 不检查

E45. 碰到不如意的事情，你是否会立即生气？
a. 生气　　　　b. 不生气

E46. 你认为对的事情，你是否主动去做？
a. 主动做　　　　b. 不主动做

E47. 早晨你能否按时起床？
a. 按时起床　　　b. 要叫好几次才起床

E48. 同学叫你做你不喜欢的事情时，你是否说"不做"？
a. 说　　　　b. 不说

E49. 没有人看你时，你是否也遵守纪律？
a. 遵守　　　　b. 不遵守

E50. 大扫除或帮助别人做事时，你是否感到厌烦？
a. 厌烦　　　　b. 不厌烦

F51~F55 为回答一贯性测验：

F51. 你是否忘记做课外作业？
a. 不忘记　　　b. 常忘记

F52. 在学校里，上课铃一响，你是否很快进教室？
a. 很快进教室　　　b. 慢吞吞地

F53. 在家里，你是否一边看电视，或者一边听音乐，一边学习？
a. 一边看或一边听，一边学习　　　b. 不看或不听，只学习

F54. 你喜欢上学吗？
a. 喜欢　　　b. 不喜欢

F55. 你是否按时睡觉？
a. 按时　　　b. 不按时

学习适应性标准常模表

标准分	等级	等级分	适应水平	百分比
65以上	优等	5	适应良好	7%
55~64	中上	4	适应良好	24%
45~54	中等	3	适应中等	38%
35~44	中下	2	适应不良	24%
34以下	差等	1	适应不良	7%

学习适应性水平结果填写用表

内容量表	原始分	标准分	等级分	评价结果
学习态度				
听课方法				
家庭环境				
学校环境				
独立性和毅力				